中国优秀传统文化的传承发展研究

高 升◎著

吉林出版集团股份有限公司

图书在版编目（CIP）数据

中国优秀传统文化的传承发展研究 / 高升著. — 长春 : 吉林出版集团股份有限公司，2022.10

ISBN 978-7-5731-2476-0

Ⅰ. ①中… Ⅱ. ①高… Ⅲ. ①中华文化－研究 Ⅳ. ①K203

中国版本图书馆 CIP 数据核字 (2022) 第 190114 号

中国优秀传统文化的传承发展研究

著　　者　高　升

责任编辑　白聪响

封面设计　林　吉

开　　本　787mm×1092mm　1/16

字　　数　210 千

印　　张　9.5

版　　次　2022 年 10 月第 1 版

印　　次　2022 年 10 月第 1 次印刷

出版发行　吉林出版集团股份有限公司

电　　话　总编办：010-63109269

发行部：010-63109269

印　　刷　廊坊市广阳区九洲印刷厂

ISBN 978-7-5731-2476-0　　定价：68.00 元

前　言

传统文化主要指各个民族传统信仰和生活方式、习俗的整体表现。我国有着五千多年的发展历史，在历史的沉淀下，传统文化已经成为中华民族的精神命脉和灵魂，同时也是我们为之骄傲自豪的文化精神财富。文化指的是在地域范围之内人们衣、食、住、行等全部生活要素，是人类活动产物的最主要表现。中华优秀传统文化的根基涵盖内容繁多，如宏观可概括为思想、文字、语言等，还可以细分为诗、书籍、礼法、音乐、数学等多个经典文化形式。随着历史长河的进步以及时代的飞速发展，这些文化上又衍生出多个文化形态，如书画、曲艺、舞蹈以及节日风俗等，对每一代的人民产生着巨大的影响。除此之外，中华优秀传统文化也是中华民族的精神灵魂以及宝贵的文化遗产，是道德发展、文化思想、艺术精神等各种物质或者非物质文化的整合。现如今，人们也将中华传统文化称为华夏文化，这也是中华民族数千年优秀文化发展的总称，中华传统文化和人们的生产生活息息相关，并且对人们的精神有深远的影响。

中华优秀传统文化是中华民族的“根”和“魂”，是中华民族最基本的文化基因，是我们最深厚的文化软实力。习近平总书记高度重视中华优秀传统文化，并且将其作为治国理政的重要思想文化资源。他反复地强调“中华优秀传统文化是中华民族的突出优势”，中华民族伟大复兴需要以中华文化发展繁荣为条件，必须结合新的时代条件传承和弘扬好中华优秀传统文化。因此，我们应从中国梦的视域下探讨中华优秀传统文化的传承与创新，从优秀传统文化中汲取实现中华民族伟大复兴的精神力量。

本书将通过中华优秀传统文化的传承与创新进行研究，首先对中华优秀传统文化概念进行解析，然后介绍了中华优秀传统文化与中国梦的双向互动，其次重点探讨了中国汉字文化、中国传统艺术，最后对文化自信视域下中华优秀传统文化传承路径以及中华优秀传统文化传承与创新措施进行了分析和总结，旨在赋予中华传统的优秀文化崭新的时代内容。

本书在写作和修改过程中，查阅和引用了相关书籍以及期刊等资料，在此谨向本书所引用资料的作者表示诚挚的感谢。诚然，本书编写作者学识有限、经验不足，书中难免存在疏漏，请广大学者和同行批评指正，提出宝贵的意见与建议，以便日后修订完善。

目录

第一章　中华优秀传统文化概念解析 ………… 1

第一节　文化及其辩证分析 ………… 1

第二节　中华优秀传统文化的主要贡献 ………… 9

第二章　中华优秀传统文化与中国梦的双向互动 ………… 38

第一节　中国梦的提出与内涵 ………… 38

第二节　中国梦是中华优秀传统文化的发展道路与正确方向 ………… 40

第三节　中华优秀传统文化对实现中国梦的重要意义 ………… 51

第三章　中国汉字文化 ………… 63

第一节　什么是汉字 ………… 63

第二节　汉字的性质与结构 ………… 68

第三节　汉字的形体：古文字 ………… 74

第四节　汉字的形体———今文字 ………… 84

第四章　中国传统艺术 ………… 90

第一节　中国书法艺术 ………… 90

第二节　中国绘画艺术 ………… 94

第三节　中国传统音乐与舞蹈 ………… 101

第四节　中国戏曲艺术 ………… 104

第五章　文化自信视域下中华优秀传统文化传承路径 ………… 112

第一节　概念锁定传统文化地位，内涵划定传统文化圆周 ………… 112

第二节　面对传统文化现代化危机，树立传统文化塑造性意识 ………… 114

第三节　四维度建构传承网络，三立足夯实传承基石 ………… 116

第六章　中华优秀传统文化传承与创新措施分析······123
第一节　中华优秀传统文化传承与创新的方向指引······123
第二节　中华优秀传统文化的多元化传播路径······126
第三节　中华优秀传统文化的创新型文化业态······135
参考文献······142

第一章　中华优秀传统文化概念解析

中国是人类文化的发源地之一，早在两百万年以前，在唯一能与东非奥杜维峡谷相媲美的泥河湾盆地就孕育了旧石器文化，揭开了早期人类文明的曙光，黄河中下游地区孕育了华夏族的诞生和最早的国家形态，《诗经·大雅·生民之什》云："惠此中国，以绥四方。"《庄子·田子方》云："吾闻中国之君子，明乎礼义而陋于知人心。"这表明西周初至战国时期，"中国"已经成为普遍认同的地理概念和文化概念。"中华"一词由"中国"与"华夏"融合而成，"中"即天下四方之中；"华"本为辉煌、文采之义，比喻文化之昌盛。东晋桓温云："自强胡陵暴，中华荡覆，狼狈失据。"(《请还都洛阳疏》)元代王元亮《唐律疏议释文》云："中华者，中国也。亲被王教，自属中国。衣冠威仪，习俗孝悌，居身礼仪，故谓之中华。"此后，朱元璋最先提出"驱逐胡虏，恢复中华"；1905年孙中山创立同盟会时，亦以"驱除鞑虏，恢复中华"相号召。1911年，"中华民国"成立，孙中山提出"合汉、满、蒙、回、藏诸族为一人"的"民族之统一"思想，为中华民族的发展做出重要贡献。1949年，中华人民共和国成立，包括56个民族的中华民族实现了空前的大团结。

习近平总书记指出："在漫长的历史进程中，中国人民依靠自己的勤劳、勇敢、智慧，开创了各民族和睦共处的美好家园，培育了历久弥新的优秀文化。"先辈们创造的灿烂辉煌的中华文化，既是留给我们后世子孙的宝贵遗产，也是对整个人类和世界文化的伟大贡献。这份厚重的文化遗产既有鲜明的历史性和累积性，也有显著的时代性和创新性，是我们今天实现中国梦，追求中华民族伟大复兴的深厚历史依据和现实思想基础。

第一节　文化及其辩证分析

一、"文化"范畴之界定

什么是文化？"文"的本义是事物之纹理，"物相杂，故曰文"(《易传·系辞传》)，"五色成文而不乱"(《礼记·乐记》)；后来引申为语言文字等符号象征及典章制度等，如孔子云“文王既没，文不在兹乎？”(《论语·子罕》)“化”的本义是改变，如“男女构精，万物化生”(《易传·系辞传》)、“化性而起伪”(《荀子·性恶》)。战国末的《易传·贲卦·彖传》已有“文”“化”联用，西汉后二字正式成为一词，如刘向云“文化不改，然后加诛”(《说苑·指武》)，“文化”遂与“野蛮”相对表示了人类的开化发展状态。

近代以来，中外学者对“文化”有不同界说。我国当代著名哲学家张岱年多次提出：“人类改造自然环境同时亦变易人性之成就，谓之文化，亦曰文明，亦曰人文。文化即是人类改造自然同时改变人性的一切成就。”“文化是人类处理人和世界关系中所采取的精神活动与实践活动的方式及其所创造出来的物质和精神成果的总和，是活动方式与活动成果的辩证统一。”著名学者庞朴认为文化是包括“物质的”(“外层”)、“理论、制度的”(“中层”)、“心理的”(“里层或深层”)三层结构的整体或系统，也属于最广义的文化界说。马克思指出：“环境的改变和人的活动的一致，只能被看作并且合理地理解为变革的实践。”这种广义的文化，也就是人类在改造自然、改造社会、改造自身的社会历史实践中所创造的一切成果，包括人类物质文明、政治文明、生态文明与精神文明之总和，含有物质的、制度的、心理的诸多层面。

狭义的文化是与经济、政治相对而言的，例如毛泽东指出：“一定的文化是一定社会的政治和经济在观念形态上的反映。”著名哲学家张岱年认为：“文化有着复杂的内容，包括哲学、宗教、科学、技术、文学、艺术、教育、风俗等，是一个包含多层次、多方面内容的统一的体系。”英国文化学家泰勒认为文化“是包括全部的知识、信仰、艺术、道德、法律、习俗以及作为社会成员的人所掌握和接受的任何其他的才能和习惯的复合体”等。这种意谓上的文化，是包括哲学、宗教、科学、技术、文学、艺术、教育、风俗等在内的多层次、多方面的复杂体系，其核心是价值观和思维方式。本书是在广义文化的背景下专注于狭义文化特别是思想文化的探讨，既分析文化的静态结构，又注重文化的动态演变，也就是探讨中华传统文化在实现中国梦的历史进程中的创造性转化和创新性发展。

二、文化的系统完整性与要素可分性

文化问题的研究必须坚持唯物史观和唯物辩证法，这样才能正确揭示“文化”所包含的一系列基本矛盾。文化是包含多要素的复杂系统，那么，这些要素之间以及要素与整个文化系统之间的关系是怎样的？这是我们要探讨的首要问题。

在现代中国文化史上，全盘西化论者陈序经认为文化是“人类适应各种自然现象或自然环境而努力于利用这些自然现象或自然环境的结果”或“人类适应时境以满足其生活的努力的结果”。就“文化的特性的重心”而言，所谓文化包括“伦理方面”“宗教方面”“政治方面”“经济方面”四种成分，它们是“文化的要素或元素”或“文化的特质与单位"，但他又认为这种要素或者特质本身仅仅是"假定的、相对的、主观的"，"并非一种完全可以单独存在的单位"。受英国文化学家泰勒（Edward B.Tylor）的文化"是包括全部的知识、信仰、艺术、道德、法律、习俗以及作为社会成员的人所掌握和接受的任何其他的才能和习惯的复合体（acomplexwhole）"的影响，陈序经最为强调文化是某种"文化丛杂"（Uuhurecomplex），而且文化要素或者特质也都是一种复杂的丛体，而"丛杂"（complex）的最大特点就是其不可分割性。陈序经提出"因为文化的特质，是有关系的，所以文化一方面的波动，往往会影响到文化的其他方面"，例如宗教与政治、经济、道德之间有着"互相交错的关系"，所以"文化本身是一个丛杂，是不能分开。分开是为着研究的便利起见，分开没有一个准确的界线，分开是表面是工作，并非实体的本身"。这也就是说，由于文化要素之间存在着"相成的关系""相反的关系""直接的关系"及"间接的关系"等复杂的连带关系，所以"文化各方面的特质，是我们的假定；在文化本身，并没有这么的一回事。其实文化是完全的整个、没能分解的"，由此，各种不同文化的差异就在于这种"文化的特性的重心"之差异。既然文化具有不可分割性，那么不同文化相接触的结果就不能是一种文化择取另一种文化的某种要素或特质，而只能是全盘地、彻底地转变为另一种文化。通过对"文化丛杂"及"文化特质"的仔细剖析，陈序经揭示了一种文化体系内部诸要素之间的复杂、细微的关系，如他对科学与家庭、财产、政府、宗教、艺术、语言、物质文化、战争等之间关系的细密论述，对文化中心与文化边缘、北方文化与南方文化等的探讨都颇发人深思。但是，过于强调文化要素之间的联系而固执于文化本身的不可分性，就不能正确揭示文化变迁、文化发展自身的内在客观规律，也就谈不到文化发展的自觉设计。

而在以毛泽东、张岱年等为代表的马克思主义文化综合创新学派看来，文化系统是具有可分性和综合性的。毛泽东总结了五四新文化运动的经验教训，指出"五四运动本身也是有缺点的。那时的许多领导人物，还没有马克思主义的批判精神，他们使用的方法，一般还是资产阶级的方法，即形式主义的方法。……所谓坏就是绝对的坏，一切皆坏；所谓好就是绝对的好，一切皆好"。他主张运用马克思主义对"从孔夫子到孙中山"的丰富民族文化遗产进行批判总结，"剔除其封建性的糟粕，吸收其民主性的精华"继承其中的"许多珍贵品"，进而"把这些遗产变成自己的东西"。他后来还多次指出，"我们接受外国的长处，会使我们自己的东西有一个跃进"，但"中国的和外国的要有机地结合，而不是套用外国的东西"。只有把西方文化本土化、中国化，在中国社会和文化的基础上面"批判地吸收西洋有用的成分"，实现中国文化和西方文化之优长的有机结合，才能真正"创造中国独特的新东西"。显而易见，中外文化的"有机结合"，是以肯定文化系统的可分性与重组性为前提的。

张岱年认为，任何文化系统都具有可分性或可析取性，不仅"同一文化系统或不同的文化系统所包含的文化要素之间有相容与不相容的关系。有些不同的文化要素，虽然似乎相反，实际上却是相辅相成、相互补充。如果仅取其一个而排斥另一个，就会陷于偏失，引起不良的后果”，而且“不同的文化系统包含一些共同的文化要素，也各自包含一些不同的文化要素。前者表现了文化的普遍性，后者表现了文化的特殊性”。任何文化系统都由许多要素、成分或者单元构成，要素之间有必然联系和非必然联系，相容与不相容之区别，例如，“三纲”不能脱离中国封建思想体系；科学创新只能产生于学术自由、独立思考的环境中；民主与专制、科学与迷信、宗教和无神论、平等思想和等级观念，专制主义与学术自由都不能相容。清末“中学为体，西学为用”的根本错误就在于企图把三纲五常的封建旧伦理与近代的西方科学技术相结合，以致被严复讥讽为“牛体马用”；社会主义基本制度同市场经济、道德教育和法律制度都可以相容。不仅如此，一切文化都有其内在的对立或者矛盾，每一民族文化中都有陈腐的文化与进步的文化、鄙陋的传统与优秀的传统这两种文化。例如列宁指出：“每一个现代民族中，都有两个民族。每一种民族文化中，都有两种民族文化。一种是普利什凯维奇、古契诃夫和司徒卢威之流的大俄罗斯文化，但是还有一种是以车尔尼雪夫斯基和普列汉诺夫的名字为代表的大俄罗斯文化。”再如，哲学体系之中包含的概念、范畴、命题等理论环节都是有“见”亦有“蔽”，如马克思、恩格斯发现了黑格尔哲学系统与其方法的矛盾，在批判其哲学系统的同时却剥取了黑格尔辩证法的合理内核。

总之，任何文化都是包含多种要素的复杂体系，但它们之间并不是铁板一块，有的要素是密切结合不可离析的，但有些要素不但可以离析而且是彼此差异、对立、矛盾的，“一切符合客观实际的正确思想必然能够脱离其原来的系统而独立存在；一切适合社会发展需要的文化成果也必然是并行不悖、彼此相容的”。这是文化继承与创新的基本依据。从文化系统的角度来看，“文化的发展过程就是文化的不同要素的新故推移、选择取舍的过程”。“文化系统的新陈代谢，固然要靠文化要素的增减损益，但根本改造的途径在于旧系统结构的解构和新形态结构的重构”。今天，我们应该在马克思主义指导下实现中国传统文化、西方文化的一切有价值的文化成果的空前的大综合，努力创造超越资本主义文化的、更高水平的中国特色社会主义新文化。在这个问题上，我们既要防止固执于整体性而夸大其不可分性的“全盘西化”论，也要反对误用文化的可分性而忽视其系统性的“中体西用”论这两种思维偏向。张岱年“既肯定了文化的整体性，又肯定了文化的可分性，克服了东方文化派和全盘西化派的笼统的思维方式”。这种立场和方法对我们今天的文化研究仍有重要的启迪作用。

三、文化的历史连续性与时代变革性

人类文化的历史发展过程，体现出鲜明的连续性与变革性、累积性与创新性相统一的特点。文化的连续性既表现为文化发展方向的一贯性、稳定性，也表现为文化精粹成果的累积性。文化的变革性则比较复杂，它既可能是文化由低级形态到高级形态的飞跃，也可能是发展过程的断裂或者由高级水平向低级水平的堕落，飞跃与歧路、弯路、歪路、死路往往并存。总体上来看，人类文化的发展历程是“变”中有“常”，由低级到高级的曲折历程。

列宁指出，社会主义文化要“吸收和改造了两千多年来人类思想和文化发展中一切有价值的东西”。张岱年也认为：“社会主义文化要否定资本主义文化，然而资本主义文化亦非无所取，对于资本主义文化之有价值的文化遗产，是要选择地承受的。”后起的新文化既要继承前期文化的积极成果，也要反对机械照搬，例如“中体西用”论是以中国的纲常名教为体，以西方的船坚炮利，是一种企图用西方先进的科学技术来维护中国封建的旧文化、旧制度的典型的保守主义理论。西方近代的资产阶级民主制度与“自由”“平等”理念有其特殊的民族特色、时代背景、阶级利益和特定内涵，也不能机械地照搬到中国来。

列宁认为：“应当明确地认识到，只有确切地了解人类全部发展过程所创造的文化，只有对这种文化加以改造，才能建设无产阶级的文化……无产阶级文化应当是人类在资本主义社会、地主社会和官僚社会压迫下创造出来的全部知识合乎规律的发展。”在新民主主义革命时期，毛泽东主张在中国化马克思主义指导下批判地接受中国传统文化和国外文化并加以创新，认为符合中国社会实际和时代需要的中国新文化要有一个从新民主主义文化到社会主义文化的过渡，这种新民主主义文化必须坚持无产阶级文化思想的指导地位，“既不是资产阶级的文化专制主义，又不是单纯的无产阶级的社会主义，而是以无产阶级社会主义文化思想为领导的人民大众反帝反封建的新民主主义”。批判、继承、改造、创新为基本环节的文化发展规律，按照“古今中外法”创造出来的只能是民族的、科学的、大众的新民主主义文化。民族的。文化的民族性包括以中华民族为本位，以“我们今天用得着”为标准，但主要是指马克思主义和西方文化的民族化，也就是要与中华民族的特点相结合，体现出一定的民族形式。科学的。文化的科学性是反对封建迷信思想而追求实事求是，理论和实践相统一。毛泽东主张“在党内发动一个启蒙运动”，以唯物主义、辩证法和独立思考来反对主观主义、教条主义和奴隶主义。大众的、文化的大众性即民主性，其含义如下：第一，主体性，人民大众是中国新文化的主体；第二，群众性，在思想感情上与人民群众打成一片；第三，通俗性，使用群众的语言，接近群众的水平，为群众所喜闻乐见。显然，这种新文化必然是反映人类社会发展的一般规律和共产主义伟大理想的“中国自己的、有独特的民族风格的东西”，只有这种真理性与人民性相统一的新文化才能够确立中华民族的文化自信，正确指引中国文化的发展道路。同样地，著名思想史家侯外庐亦主张“一方面是继承过去时代的遗产，其他方面是把这个遗产赋予了新的时代精神”“使过去历史的有价溪流都倾注汇合于伟大的社会主义文化之洪流巨潮里面”，这种新文化既要继承中国民族的悠久文化历史和优良传统，同时也要实现中国学术的民族化和科学化。

因此，从生产力、生产关系的历史递增与文化自身演变的角度来看，文化体现着连续性与变革性、绝对性与相对性的统一。在这个问题上，既要防止固执于文化之“常”而拒斥变革性的因循守旧，也要反对固执于文化之“变”而盲目割裂连续性的文化虚无主义这两种思维偏向。当代中国特色社会主义文化建设，必须科学地扬弃人类一切符合客观实际、适合社会发展的客观需要的文化成果，自觉创造人类文化发展的新境界。

四、文化的民族独创性与对外交融性

文化的民族性与世界性、独创性与交融性的关系，是文化的特殊性与普遍性关系的具体表现。毛泽东指出：“矛盾的普遍性和矛盾的特殊性的关系，就是矛盾的共性和个性的关系。其共性是矛盾存在于一切过程中，并且贯串于一切过程的始终，矛盾即是运动，即是事物，即是过程，也即是思想。否认事物的矛盾就是否认了一切。这是共通的道理，古今中外。所以它是共性，是绝对性。然而这种共性包含于一切个性之中，无个性即无共性。假如除去一切个性，还有什么共性呢？”习近平总书记也指出：“强调民族性并不是要排斥其他国家的学术研究成果，而是要在比较、对照、批判、吸收、升华的基础上，使民族性更加符合当代中国和当今世界的发展要求，越是民族的越是世界的。解决好民族性问题，就有更强能力去解决世界性问题；把中国实践总结好，就有更强能力为解决世界性问题提供思路和办法。这是由特殊性到普遍性的发展规律。”这种矛盾的共性与个性的论断，也适用于文化问题的研究。

20世纪20年代的中国现代文化史上，有的学者认为中国文化是主静的，西方文化是主动的，以及中国文化是精神文明，西方文化是物质文明等，这些议论都是脱离人类社会实践的抽象观点。20世纪30年代，全盘西化论者倾向于夸大文化的普遍性而否定中国文化的民族性。如陈序经认为“地理的基础”“生物的基础”“心理的基础”等文化对象都只具有人类的一般性而没有民族的特殊性，他认为民族与文化完全可以两分，“文化的本身，是整个人类所共有共享的东西，而不是任何一个国家、任何一个民族的专有或专利品；所以说文化亡，不见得民族也随之而亡”。因此，如果一种文化被判定为低级文化，那么它的所有文化要素就在整体上都失去其存在的价值，这个文化所在的民族所需要做的只是完全接纳一种水平更高的外来文化。只要有一种文化的发展水平超越了其他文化，那么其他文化就必须通过“模仿”先进文化而求得进步，在“模仿”中而有新发明、新创造。陈序经对“地理的基础”“生物的基础”“心理的基础”等文化对象，实际上都“只是从客体的或者直观的形式去理解，而不是把它们当作人的感性活动，当作实践去理解”。他试图破除“狭义的国家主义”的“国界以至种族的区别与偏见”，希望创造“世界主义的文化”来保证人类和平，却看不到民族的生存与发展是文化所围绕的中心，看不到“文化”背后的民族利益与阶级利益的差异、对立与冲突，可谓“只见文化不见人”；忽视了一个民族文化的特殊贡献的当下意义，也就失去了汲取先进文化的内在基础和主动性、主导性、选择性和创造性，而表现为所谓“先进文化”向“落后文化”整体上的机械平移。

中国马克思主义文化综合创新学派则认为文化是民族性与世界性的统一。毛泽东高度重视中国文化的民族主体性，他指出我们信奉马克思主义是正确的思想方法，这并不意味着我们忽视中国文化遗产和非马克思主义的外国思想的价值。“我们的态度是批判地接受我们自己的历史遗产和外国的思想。我们反对盲目接受任何思想也反对盲目抵制任何思想。我们中国人必须用我们自己的头脑进行思考，并且决定什么东西能在我们自己的土壤里生长起来。”他既反对割断历史也反对盲目崇拜旧文化，主张运用马克思主义对“从孔夫子到孙中山”的民族文化遗产进行批判总结，“剔除其封建性的糟粕，吸收其民主性的精华”，继承其中的“许多珍贵品”并且“把这些遗产变成自己的东西”。社会主义建设时期，毛泽东指出，“说中国民族的东西没有规律，这是否定中国的东西，是不对的。中国的语言、音乐、绘画，都有它自己的规律”，主张“以中国艺术为基础，吸收一些外国的东西进行自己的创造为好”。总之，“中国人还是要以自己的东西为主”，“向古人学习是为了现在的活人，向外国人学习是为了今天的中国人”。始终强调在改进和发扬中国传统的基础上创造独特的新文化是毛泽东文化观的重要特点。张岱年认为：“文化有世界性，然而也有民族性……其不同之点，即其独特的贡献；其特色的地方，即其独立的创造。”这种“独特的贡献”和“独立的创造”就是一个民族文化的“一贯精神”或“民族精神”，即使是同一发展阶段上的不同民族也有其“民族精神”的差异。例如“在同一资本主义时代之中，英国文化与法国文化不同，法国文化与德国文化不同，英国有其英吉利精神，法国有其法兰西精神，德国又有其日耳曼精神”，因此不能因为文化的时代性、世界性而抹杀文化的民族性，抹杀一个民族对人类共同文化的特殊贡献的恒久价值。侯外庐总结了“中国社会史论战”的经验教训，指出各方的主要偏差是“公式对公式，教条对教条，很少以中国的史料做基本立脚点”和“形式上占有了一些中国古代的材料，而实际上忽略了中国古代社会的基本法则”，其“本质在于没有找到研究中国古代的科学路径”。由此，他从中国早期文明“亚细亚的古代”的改良路径出发，“谨守考证辨伪的方法”，“力求把马克思主义同中国古代史料结合起来，做统一的研究”，揭示人类社会发展的普遍规律与各民族文明演变的具体路径。

“中华文化源远流长，积淀着中华民族最深层的精神追求，代表着中华民族独特的精神标识，为中华民族生生不息、发展壮大提供了丰厚滋养。”文化的世界性寓于文化的民族性之中，人类文化是各民族文化多元并存、交相辉映的统一体。因此，对待人类诸文化的正确态度是：一方面，必须保持全世界各民族文化的多样性、多元性，尊重各民族独立选择发展道路的自主性、创造性。从来不会有放之四海而皆准的唯一的文化模式，不能以某种特定的文化模式来限制各民族的文化发展道路，苏联文化模式并不适合其他民族，美国文化模式也不是同样人类文化发展的最高典范，各民族都应该立足于其历史传统和具体国情而自主选择其发展道路，创造性地追求“理生合一”的圆满境界。同样地，多民族国家内部、各地区之间也应该充分尊重其文化资源的特殊性，选择突出地方文化特色的发展模式，防止简单复制和盲目趋同。另一方面，必须看到各民族文化都有其优点与弊端，都需要在平等开放的环境中对话交流、和谐共生，多民族文化的共存不是自身的生存威胁而是发展机遇，“不同民族的不同类型的文化传统，彼此之间相互影响，这是文化发展的正常情况。摄取外来文化，进而丰富自己的文化传统，这是文化发展的一个正常途径”。机械的、狭隘的文化冲突论是没有出路的，“天下同归而殊途，一致而百虑”（《易传·系辞传》），各民族文化的和衷共济、百花齐放、共同繁荣才是人类文化的正道。

陈寅恪曾提出：“其真能于思想上自成系统、有所创获者，必须一方面吸收输入外来之学说，一方面不忘本来民族之地位。”张岱年对此深表赞同，认为对艰难转型中的中国传统文化而言，“一方面不要使中国文化完全为西洋所克服而归于消亡，要使中国仍保持其特色的文化；又要使中国文化与世界文化相适应，使中国文化变成新的，而成为新的世界文化之一部分。固要吸纳西洋文化，却又要避免为西洋所同化；其吸纳西洋文化，要按着一种标准，但此标准是依中国文化之特性及现代的需要来决定的。换言之，即是要建设新的中国文化，既非旧文化，也非西洋文化之附庸”。中国文化必须在确保自身的民族独立性的前提下“截长补短，兼采并纳西洋近代之创获，以裨益固有之精神，而卓然自立于世，与人并驾而不仅追随于后”；必须在全盘西化、保守旧文化和平庸调和之间另辟新路，走出一条中国特色社会主义文化的发展大道。

实践证明，只有在唯物史观基本原理与唯物辩证法的对立统一规律、质量互变规律、否定之否定规律的指引下，我们才能够正确理解文化的系统性与可分性、连续性与变革性、民族性与世界性等一系列基本矛盾，进而为我们进一步深入探究中国传统文化及其当代发展提供方法论基础，这就要求我们牢牢把握中国传统文化的整体性与可分性、变革性与连续性、独创性与交融性之辩证统一。中国特色社会主义新文化，要在马克思主义指导下“对于中国传统与西方文化进行分析选择，然后将古今中外的一切有价值的文化成就综合起来”。在分析、综合的过程中还要对古今中外文化之精粹做进一步的改造与提高，并且要有新的发现、发明，从而超越中西文化已有文化而达到新的境界。文化创新必须以既有文化成果为基础和前提，在批判继承上有所前进、有所创造，而新创造必须以对中国传统文化的取精去粗、去伪存真、批判继承为基础。“我们要虚心学习借鉴人类社会创造的一切文明成果，但我们不能数典忘祖，不能照抄照搬别国的发展模式，也绝不会接受外国颐指气使的说教。”我们既要坚持文化开放、文化交流、文化融合，容纳外来文化以促进中国文化的发展；又要弘扬中华民族的文化主体意识，保持自己文化的独立性和独创性，只有这样才能够像中国文化成功消化印度文化那样顺利完成“西学东渐”的历史任务。从历史上来看，中国传统文化经历了孔子对三代文化的综合创新，汉初黄老道家和新儒学对诸子百家的综合创新、中国化佛教的综合创新，宋明理学的综合创新和近代以来的中西马综合创新等基本阶段，当代中国特色社会主义新文化的创建，必须以马克思主义普遍真理为指导，发扬继承中国文化的优良传统，同时吸收近现代西方文化的先进成就，只有这样才能实现中国文化的当代复兴。这是中国特色社会主义新文化建设遵循的客观规律。

第二节　中华优秀传统文化的主要贡献

我们要坚持阶级分析与理论分析相结合的科学态度，按照是否符合客观实际，是否适合社会发展的客观需要即科学性、客观性与进步性、人民性相统一的判断标准，对中国传统文化进行科学的分疏和扬弃。中国传统文化的贡献主要体现在以下八个方面。

一、“自然两一”的宇宙观

中国传统文化和哲学的一个独到的积极内容，就是有着源远流长的唯物主义思想，而且表现为唯物主义无神论和辩证思维在一定程度上的紧密结合。在本体论和宇宙论上，中国哲学坚持本体与现象、实在与过程之统一。自先秦开始就有比较发达的辩证思维，足以与希腊辩证法相媲美；每个时期也都有唯物论的代表人物及典型学说，这为现代中国文化的健康发展奠定了坚实基础。

中国古代唯物主义思想最早可以追溯到西周末的阴阳和五行观念。春秋时期，郑国子产开始怀疑关于天道的迷信，认为“天道远，人道迩。非所及也，何以知之？”（《左传·昭公十八年》），否认天象变化与人事吉凶有某种神秘联系。道家创始人老子开始探讨天地起源问题，提出“道法自然”（《老子》第二十五章）、“功成事遂，百姓皆谓我自然”（《老子》第十七章）、“道之尊，德之贵，莫之命而常自然”（《老子》第五十一章），所谓“自然”就是自己如此之意，实际上否认了“帝”的主宰地位，其“道”范畴具有存在与过程之统一的深湛和内涵。不仅如此，老子还揭示了正与反的统一性，其反向辩证思想可以概括为“反者道之动，弱者道之用”，这对中国哲学的发展有深刻的影响。儒家创始人孔子怀疑鬼神存在，提出“学”与“思”、“富”与“教”关系的正确见解。他的“时”“逝”“生”“中庸”“两端”等观念都含有一定的辩证思维，这是孔子重要的学说精华。到战国时期，惠施提出“至小无内，谓之小一”（《庄子·天下》引）的“小一”说，与《管子》“精也者，气之精者也”“凡人之生也，天出其精，地出其形，合此以为人”（《内业》）的“精气”说，都可看作中国特色的庄子论思想。《庄子》提出：“人之生，气之聚也，聚则为生，散则为死。……故曰：通天下一气耳。”（《知北游》）“通天下一气”是显著的唯物主义命题，对后来的气一元论有深刻影响。《管子》书已经提出“天不变其常，地不易其则”等观点，战国末期的荀子继之而提出“天行有常，不为尧存，不为桀亡”“制天命而用之”（《荀子·天论》）等思想，完全否定对主宰之天、人格之天的盲目信仰；他既肯定自然规律的客观存在，又强调发挥人的主观能动性，实际上是另一种形式的“天人合一”。法家的集大成者韩非试图从人口与财富的关系来解释历史的演变，蕴含着类似于唯物史观的某些萌芽。《易传》的“刚柔相推而生变化”“一阴一阳之谓道”“日新之谓盛德，生生之谓易”等光辉命题，揭示了自然界、社会生活中普遍存在的对立统一规律，可谓先秦辩证思维的最高发展，这种变易哲学奠定了中国优秀传统文化的思想基础。

两汉时期，扬雄重新提出“自然”观念；桓谭则有“人死如烛灭”的命题；王充提出“天地，含气之自然也”（《论衡·谈天》）、“元气，天地之精微也”（《四讳》），批判流行的神学目的论及“天人相感”思想，区别天道自然无为和人道行求有为，并且讨论了物质生活与道德的关系。魏晋南北朝隋唐时期，裴頠提出“夫总混群本，宗极之道也。方以族异，庶类之品也。形象著分，有生之体也。化感错综，理迹之原也”（《崇有论》），“宗极之道”即原始的浑一无分之气。他认为“济有者皆有也，虚无奚益于已有之群生哉？”（《崇有论》）论证了“有”的根本性。范缜提出“形质神用”命题，正确解决了形神关系。唐代柳宗元提出“唯元气存”的元气一元论思想。刘禹锡哲学思想的主要特征是，对以前长期争论不休的“天人相与之际”的问题进行了比较系统的总结，认为“天之能，人固有所不能也；人之能，天亦有所不能也。吾固曰：万物之所以为无穷者，交相胜而已矣，还相用而已矣。天与人，万物之尤者耳”（《天论》），这种“天人交相胜、还相用”命题把古代唯物主义推向了新的阶段。

张载是宋明时代唯物主义传统的奠基人，提出“凡可状皆有也，凡有皆像也，凡象皆气也”（《正蒙·乾称》）、“太虚无形，气之本体，其聚其散，变化之客形尔”（《诚明》），“太虚”可谓与现代英国哲学家亚历山大所谓“空时”相近，“张子谓太虚乃气之本体，即谓空时非纯然无有，而乃物质之本原。空时凝结而成最细微的物质，最细微的物质聚合而成通常的物质。所以张子的本根论，确实可以说是一种唯物论”。张载还提出关于事物变化基本规律的精湛学说，肯定事物的普遍联系，认为变化有“著”“渐”两种形式，其“两、一”思想是对立统一规律的精确表述。

明末清初王夫之的“哲学思想是中国近古时代唯物主义和辩证法思想的最高峰”，

他继承张载“太虚即气”（《正蒙·太和》）观点，认为“天人之蕴，一气而已”（《读四书大全说》卷十）、“凡虚空皆气也，聚则显，显则人谓之有；散则隐，隐则人谓之无”（《张子正蒙注·太和》），肯定气是唯一的实在，论证了物质世界的客观存在，规律的客观性及物质世界的永恒性；他提出“动”的绝对性与“静”的相对性关系，肯定对立面的统一，阐明了物质与运动的密切联系，在道器、理气、有无、能所等问题上都提出唯物主义的光辉论断，进而在唯物主义立场上对宋明哲学思想做了一个总结。

中国古代唯物主义学说在一定程度上体现了唯物观点与辩证思维的有机结合，这在“气”与“诚”两个范畴上有集中表现。“气”指一切有广袤、能运动的存在，“诚”是客观实在性与客观规律性的统一。张载、王夫之等一些哲学家“将唯物主义与辩证法有机地结合在一起”，可以称为中国特色的“辩证唯物主义”。中国的实际既有政治、经济的实际，也有文化、传统的实际，马克思主义的中国化不仅包括马克思主义与中国革命、建设实际相结合，还包括马克思主义与中国优秀传统文化及哲学相结合中国传统唯物论注重对立统一观点、整体观点与过程观点的辩证思维，与马克思主义的唯物史观和唯物辩证法有相互契合之处，这既是马克思主义中国化的深厚土壤，也是中国传统文化现代转型的必由之路。我们研究学术问题，处理实际事物，都要努力贯彻唯物主义和唯物辩证法。当代思维方式的现代化，既要发挥既有的辩证思维的优良传统，更要学会现代缜密分析、进行试验的科学方法，做到分析与综合的统一。

二、“知行合一”的认识论

同西方哲学相比，中国传统哲学以人生哲学、政治哲学为主体，认识论不够发达，但认识论仍然是中国传统哲学的重要组成部分，历代哲人都对认识问题有着坚持不懈的探索，其中蕴含着诸多重要的理论贡献和时代价值。

（一）“因所以发能、能必副其所”的认识发生过程论

主体与客体的明确区分，是人类认识得以发生的逻辑前提。“主体”和“客体”两个名词在西方哲学史上都出现得较晚，但中国古代哲学家曾经以其特有范畴对主客体关系问题进行缜密探讨并且得出了重要结论。

在中国哲学史上，最早明确地区分主客体的是《管子》书的“其所知，彼也；其所以知，此也”（《心术上篇》）命题，其中的“所以知”（“此”）即是认识主体，而“所知”（“彼”）即是认识客体。春秋时期的孔子提出“人”“己”关系的问题，主张“己欲立而立人，己欲达而达人”（《论语·雍也》），明确肯定人的主体地位和自觉精神。我国春秋时期最早的军事著作《孙子兵法》提出了“知彼知己，百战不殆”的深邃思想，其中也包含着对主体（“己”）与客体（“彼”）之间辩证关系的正确理解。战国时期的墨家区分了“所以知”与“物”，提出“知，材也”（《墨子·经上》），所谓“材”

即认识的主体条件；此外，墨家还认为“知也者，所以知也，而不必知”（《墨子·经说上》）、“以其知遇物而能貌之”（《墨子·经说上》），墨家认为主客体相接触才是认识发生的必要条件。先秦哲学的集大成者荀子继承了《管子》以来的“所以知”的思想，提出“凡以知，人之性也；可以知，物之理也”（《荀子·解蔽》），在当时的历史条件下对主客关系做出一定总结。南宋时，儒家大师朱熹把“彼”“此”关系发展为“主客之辨”，认为“知者，吾之心知；理者，事物之理。以此知彼，自有主客之辨，不得以此字训彼字也”（《朱子文集》卷四十四）。

汉代以后的中国哲学往往把“能知”与“所知”演变为“能”“所”范畴，明末清初的王夫之对此进行了明确界定，认为“境之俟用者曰‘所’，用之加乎境而有功者曰‘能’”，强调“所不在内……能不在外”（《尚书引义》卷五）、“乃以俟用者为所，则必实有其体；以用乎俟用，而以可有功者为能，则必实有其用”（《朱子文集》卷四十四），充分肯定了主体与客体都具有客观实在性，进而有力地批判了佛教等主观唯心主义把主客体归于“心”“识”并且“消所以入能”的根本错误。

中国传统哲学还深入探讨了主客体之间的关系。先秦墨家“以其知遇物”、荀子“知有所合谓之智”的命题都包含了主体与客体相结合的意谓。南宋叶适论述了“己”“物”关系，认为“自用则伤物，伤物则己病”（《水心别集》卷七），应该以心“应物”“通物”，并以“弓矢从的，非的从弓矢”（《水心别集》卷五）形象地说明了主客体的统一。王夫之对主客体关系做出最明确的论述，提出“体俟用，则因所以发能；用用乎体，则能必副其所”（《尚书引义》卷五）的著名论断，客体是主体作用的对象，而主体具有作用于客体的实际能力，即发生于主客体的对立统一关系中。他进而把“所”“能”概括为“体”“用”关系，“所著于人伦物理之中，能取诸耳目心思之用”（《尚书引义》卷五），客体是主体的基础和依据，而主体要依赖和反映客体。王夫之“因所发能、能必副所”，由“耳目”到“心思”以获得“人伦物理”的思想，既唯物又辩证地回答了主体和客体之间的关系问题。

上述这些重要思想对我们今天正确发挥人的主体能动性，正确处理人与自然、人与社会的关系仍然具有一定的启发意义。

（二）“天官薄类、心有征知”的认识发展过程论

与认识发生密切联系的是认识的发展过程问题，中国传统哲学比较深入地探讨了感性认识与理性认识的相互关系。

在“我国古代认知论史中最早的一篇具有哲学认知论性质的著作”。《尚书·洪范》中，就已经有关于“视”“听”与“思”的论述。孔子把属于感性认识的“学”与属于理性认的“思”作为认的两个阶段，“思”可以判断和选择，“择其善者而行之，其不善者而改之”（《论语·述而》）；也可以由“多学”“学而识之”而实现“一以贯之”（《论

语·卫灵公》）的认识飞跃。墨家认识来自“百姓耳目之实”（《墨子·非命上》）或“众人耳目之情”（《墨子·非命中》）的感觉经验，认为“知，接也”（《墨子·经上》），“知以目见，而且以火见，而火不见，唯以五路知”（《经说上》），感官（“目”）与外物（“火”）相接而有“知”，进而坚持了唯物主义的反映论。《墨经》还提出“智，明也”（《经上》），“智”就是“以其知论物，而其知之也著”（《经说上》），“论”即比较而辨其伦次。墨家在“循所闻而得其意”（《经上》）命题中明确表达了感性认识（“闻”）与理性认识（“意”）的统一。道家提出“知者，接也”（《庄子·庚桑楚》），这是墨家观点的继承；在“庖丁解牛”（《庄子·养生主》）的寓言中也有对认识发展问题的探讨，充分肯定了由“技”到“道”的认识飞跃。荀子比较明确地说明了人的来源及其两个发展阶段，认为人有“耳目鼻口形，能各有接而不相能也，夫是之谓天官”的感官与“心居中虚，以治五官，夫是之谓天君”（《荀子·天论》）的理性能力，心对感官具有主导作用，“心者，形之君也，而神明之主也”（《荀子·解蔽》）。他把认识过程分为“缘天官”与“心有征知”两个相互联系的阶段，“征知”“必将待天官之当簿其类然后可”（《荀子·正名》），而“天官薄类”也有待于心之“征知”。他还认为“心”既可以“兼陈万物而中县（悬）衡”，进而“众异不得相蔽以乱其伦”（《荀子·解蔽》），克服种种片面性而达到对事物的全面认识；又可以“坐于室而见四海，处于今而论久远，疏观万物而知其情，参稽治乱而通其度，经纬天地而材官万物，制割大理，而宇宙理矣”（《荀子·解蔽》），即具有形象思维和逻辑推理作用。韩非认为“孔窍者，神明之户牖也”（《韩非子·喻老》），认识来自感官；又提出“思虑熟，则得事理”（《韩非子·解老》），在感性认识的基础上还要由“思虑”而得“道理”，充分肯定了感性认识与理性认的统一。西汉扬雄提出“多闻则守之于约，多见则守之于卓”（《法言·吾子》）、“学以治之，思以精之”（《法言·学行》），肯定“多闻、多见”与“约、卓”，以及“学”与“思”的统一。东汉王充提出“人无耳目则无所知”（《论衡·论死》），认为“圣贤不能性（生）知，须任耳目以定情实”“如无所见，则无所状”“知物由学，学之乃知”（《论衡·实知》），一切认识最终都来自“耳目”感官。他认为在“目见口问”的基础上还要“以心意议”，“夫论不留情澄意，苟以外效立是非，信闻见于外，不诠于内，是用耳目论，不以心意议也。……是故是非者，不徒耳目，必开心意”（《论衡·薄葬》），“闻见于外”与“诠于内”，“任耳目”“开心意”是密切联系的两个认识发展阶段。

宋明理学对感性认识与理性认识的辩证关系有深刻理解。张载一方面认为“见闻之知，乃物交而知”“人谓己有知，由耳目有受也；人之有受，由内外之合也”（《正蒙·大心》）；另一方面又强调在“见闻之知”的基础上还要“穷理”，“见物多，穷理多，如此可以尽物之性”（《张子语录》卷上）。程颐也认为“闻见之知”是“物交物则知之，非内也；今之所谓博物多能者是也”（《河南程氏遗书》卷二十五）、“凡一物上有一理，须是穷致其理”（《河南程氏遗书》卷十八），认识是一个由“博物”到“穷理”的发展过程。朱熹认为“如今人理会学，须是有见闻”（《朱子语类》卷九十八），在“见闻”的基础上还必须“思”，不能思则“蔽于外物”（《孟子集注·告子章句上》），这就要求“博观”与“内省”的统一（《朱子语类》卷九）。朱熹把“格物致知”解释为“即物而穷其理”（《大学章句》），这也包含了由感性认识上升到理性认识的合理思想。南宋叶适认为“君子不可以须臾离物”（《水心别集》卷七）、“非知物者不能至道”（《习学纪言序目》卷四十七《四言诗》）、“欲折中天下之义理，必尽考详天下之事物而后不谬”（《水心文集·题姚令威西溪集》），并提出“内外交相成之道”的著名命题，认为“耳目之官不思而为聪明，自外入以成其内也。思曰睿，自内出以成其外也。……古人未有不内外交相成而至于圣贤”（《习学记言》卷十四），认识是耳目感官与内心思维交相作用的结果。“内外交相成之道”明确表达了感性认识与理性认识的统一，在中国传统哲学认识论中占有重要地位。明代王廷相提出“事物之实核于见”“事理之精契于思”（《慎言·见闻篇》），认为“神者，在内之灵；见闻者，在外之资。……夫圣贤之所以为知者，不过思与见闻之会而已”（《雅述上篇》），理性认识（“思虑”）以感性认识（“见闻”）为前提，而感性认识也要上升到理性认识，因此“博于外而尤贵精于内”（《慎言·潜心篇》）。方以智提出“人所贵者心，而不离五官”（《通雅》卷一）、“学焉而后能之”（《东西均·译诸名》）；“学”之外更要“悟”，“理以心知，知与理来”（《物理小识》卷一）。

他进而把认识概括为“质测”与“通几”两个发展阶段，提出“质测即藏通几”（《物理小识·自序》）而“通几护质测之穷”（《愚者智禅师语录》卷三），即具体知识与一般规律相互为用。王夫之认为“一人之身，居要者心也；而心之神明，散寄于五藏，待感于五官”（《尚书引义》卷六），“五官”与“心”也就是“格物”与“致知”的关系，“博取之象数，远证之古今，以求尽乎理，所谓格物也。虚以生其明，思以穷其隐，所谓致知也”（《尚书引义》卷三），直接经验与理性思维是辩证统一的，“非致知则物无所裁，而玩物以丧志；非格物则知非所用，而荡智以入邪”（《尚书引义》卷三）。他进而认为“格物”与“致知”还有主次之别，“心官与耳目均用，学问为主，而思辨辅之”（《读四书大全说·大学》）；“致知”则是“唯在心官思辨为主，而学问辅之”。清代戴震提出“味也，声也，色也，在物而接于我之血气；理义在事而接于我之心知”（《孟子字义疏证》卷上），“血气”接触“事物”而得到的感官经验，再由“心”的思虑之能而上升到“理”（理性认识）。他认为感官可以“物至而受迎之”，心则“驯而至于神明”（《原善》中），因此既主张“闻见不可不广”，又强调“务在能明于心”（《孟子字义疏证》卷下），也肯定了感性认识与理性认识的统一。

毛泽东认为：“理性认识依赖于感性认识，感性认识有待于发展到理性认识，这就是辩证唯物论的认识论。”我国古代哲学家所提出的“天官薄类、心有征知”“不徒耳目，必开心意”“内外交相成之道”“思与见闻之会”等命题，都不同程度地揭示了感性认识与理性认识的辩证关系，这是传统认识论的一个积极的贡献。

（三）“知行相资以为用”的知行关系论

“知行关系”问题，即人类自身的认识和实践这两种能动的活动之间的关系问题。中国传统哲学“知、行”问题的突出特点是明确肯定知与行、认识与实践的辩证统一。

在“行”与“知”何者为第一性的问题上，古代哲学家充分肯定了“行”对“知”的决定作用，《左传·昭公十年》就已经有“非知之实难，将在行之”的论断。孔子提出“言之必可行”（《论语·子路》）、“听其言而观其行”（《论语·公冶长》）、“行有余力，则以学文”（《论语·学而》），特别强调“躬行”（《论语·述而》）。墨子提出“言足以复行者常（尚）之，不足以举行者勿常（尚）”（《墨子·耕柱》）、“士虽有学而以行为本”（《墨子·修身》），肯定“行”高于“言”“学”。荀子提出“不闻不若闻之，闻之不若见之，见之不若知之，知之不若行之。学至于行之而止矣”（《荀子·儒效》），认为“行”是“知”的目的。朱熹认为“‘知之非艰，行之维艰’，工夫全在行上”（《朱子语类》卷十三），肯定“行”重于“知”。王廷相认为“事机之妙得于行，徒讲说者浅”（《慎言·见闻篇》），明确主张“讲得一事即行一事，行得一事即知一事，所谓真知矣”（《王廷相集》卷二十七《与薛君采》之二）。王夫之明确地提出“行可兼知”“行”是“第一不容缓”（《读四书大全说》卷四）的，这是典型的实践第一性的观点；他认为“艰者先，先难也；非艰者后，后获也”（《尚书引义》卷三），并且通过具体事例而提出“饮之食之，而味乃知”（《四书训义》卷二），进而认为“知也者，固以行为功者也，行也者不知为功者也。行焉，可以得知之效也，知焉未可以得行之有效也”，认识必须依赖于实践，只有实践才能取得成功。王夫之明确地意识到唯物主义和唯心主义两种知行观就表现为“未尝离行以为知”与“离行以为知”“尊知而饯行”的对立，而且进一步提出行、知是矛盾主次方面的关系，“行可兼知，而知不可兼行”（《尚书引义》卷三）。清代颜元重“习”崇“实”，把“格物致知”的“格”解释为“犯手去做”，“格物谓手实做其事”（《颜习斋先生言行录》），提出“手格其物，而后知至”（《四书正误》卷一），强调“身习而实践之”（《存学编·学辨一》），充分肯定了“习行”“实践”在认识中的根本地位。

中国古代哲学还肯定了“知”对“行”的指导作用，许多哲学家明确地主张知行统一。墨子提出“言必行，行必果，使言行之合犹合符节也，无言而不行也”（《墨子·兼爱下》）。荀子认为“知明而行无过”（《荀子·劝学》），他区分了“入乎耳，著乎心，布乎四体，形乎动静”的“君子之学”与“入乎耳，出乎口”的“小人之学”，又提出“察，知道；行，体道”（《荀子·解蔽》），强调知行一致。朱熹提出“知行常相须”（《朱子语类》卷九）、“论先后，知为先；论轻重，行为重”（《朱子语类》卷九），主张“致知力行，用功不可偏”（《朱子语类》卷九），这样就可以收到“知之愈明，则行之愈笃；行之愈笃，则知之益明”（《朱子语类》卷二十四）的良好的效果。王廷相认为“知之精由于思，行之察亦由于思”（《慎言·潜心篇》），进而主张“知行兼举”（《慎言·小宗篇》）、

“讲学、力行并举”（《慎言·见闻篇》），强调“深省密察”与“笃行实践”（《慎言·潜心篇》）的统一。王夫之认为“要以行听乎知，而其知也愈广大、愈精微，则行之合辙者愈高明愈博厚矣”（《读四书大全说》卷四）、“察事物所以然之理，察之精而尽其变，此在事变未起之先，见几而决，故行焉而无不利”（《张子正蒙注·神化篇》），知可以增强行动的预见性而指导行动成功。他既承认知行之分，“功可得而分，则可立先后之序”（《读四书大全说》卷四）；又肯定知行相互渗透、相互作用，“知行终始不相离”（《读四书大全说》卷三）、“知行并进而有功”（《读四书大全说》卷四）、“唯其各有致功，亦各有其效，故相资以互用”（《礼记章句》卷三十一），知行的辩证统一就具体体现为“由知而知所行，由行而行则知之”的循环往复、无限发展的过程之中，由行得知、因知进行、知行并进，人类的认识能力与实践水平都不断提高，进而“知能日新”“日进于高明而不穷”（《思问录·内篇》）。

实践观点是马克思主义的基本观点，毛泽东曾对知行关系做出科学的论断，指出“实践、认识、再实践、再认识”这种形式，循环往复以至无穷在一定意义上可以说，王夫之“知行相资以为用，并进而有功”的命题是最接近于这一辩证唯物主义认识论的理论雏形。重新回顾和客观评价古代知行观的积极贡献，这对我们加深理解对改革开放的伟大实践活动与科学发展观之间的密切关系具有重要的启迪。

（四）“三表”“符验”的认识检验论

马克思指出，“人的思维是否具有客观的真理性，这不是一个理论的问题，而是一个实践的问题。”中国哲学的一个优良传统，就是强调“以行验知”“以行证知”。

先秦墨家最先提出认识的标准问题，主张“言必立仪”以确定“是非利害之辨”（《墨子·非命上》），并明确提出了“三表”的真理检验方法，“仪”“表”即“表准”或者标准，三表就是“本之于古者圣王之事”“原察百姓耳目之实”“发以为行政，观其中国家百姓人民之利”（《墨子·非命上》），也就是以前人的间接经验、群众的直接经验、社会政治的实际效果作为判断标准。荀子提出“凡论者贵其有辨合，有符验；故坐而言之，起而可张设，张而可施行”（《荀子·性恶》），言论既要有事实的依据，又要可“行”。韩非进而提出“参验”（《韩非子·显学》），要求“循名实以定是非，因参验而审言辞”（《韩非子·奸劫弑臣》），并提出“参伍之道”即“行参以谋多，揆伍以责失。……言会众端，必揆之以地，谋之以天，验之以物，参之以人”（《韩非子·八经》），这既包括事实的排列比较、经验的互相参照，也包括实践效果的验证。西汉扬雄重“验”，提出“无验而言之谓妄”（《法言·问神》）的命题。东汉王充重“实”，以“疾虚妄”的精神而主张“实事之验”（《论衡·案书》）、“引物事以验其言行”（《论衡·自然》），认为“事莫名于有效，论莫定于有证”（《论衡·薄葬》），“凡论事者，违实不引效验，则虽甘义繁说，众不见信”（《论衡·知实》），主观认识要合乎客观实际。王充把“耕夫”“刺绣”之“女工”等生产实践活动都纳入其认知论中，在一定意义上接触到了“实事之验”的本质，这具有十分重要的理论意义。

北宋张载主张以“共见共闻”（《正蒙·动物》）、“断事无失”（《横渠先生行状》）作为检验的标准。南宋叶适提出“无验于事者，其言不合；无考于器者，其道不化”（《水心别集·进卷总义》），强调“功利”在检验认识中的重要作用，认为“既无功利，则道义乃无用之虚语耳”（《习学纪言》卷二十三），认识必须有实际效果才具有真理性，王廷相认为“近世学者之敝”就是“不于实践处用功，人事上体验”（《王廷相集》卷二十七《与薛君采》之二），主张“学者于道……验诸天人，参诸事会，务得其实而行之”（《慎言·见闻》），以实践来对学说进行检验。王夫之提出“行焉，可以得知之效也；知焉，未可以得行之有效”“得而信，失而疑，道乃益明”（《尚书引义》卷三要求以“行”来检验“真知”，只有“力行”才能断定“知之真”（《四书训义》卷十三）。颜元提出“人之为学，心中思想，口中谈论，尽有百千义理，不如身上行一理之为实也”（《颜习斋先生言行录·刁过之第十九》），只有“实做其事”（《颜习斋先生言行录·刚峰第七》）才是检验真知的正确途径。

中国传统哲学“以行验知”“以行证知”命题的理论实质就是以“行”（实践）作为检验真理的最终标准，这与“通过实践而发现真理，又通过实践而证实真理和发展真理”是基本一致的。1978 年真理标准问题的大讨论极大地促进了改革开放的顺利进行，我们今天仍然面临着继续解放思想、实事求是的现实问题，古代哲学家“以行验知”“以行证知”思想仍然具有宝贵的理论价值和直接的现实意义。

（五）“学思并重”即“物穷理”的致知方式论

老子提出“观复”即发现事物变化之“常”，这主要是一种“物或损之而益，或益之而损”（《老子》第四十二章）的辩证思维。《庄子》主张“以明”，认为“彼出于是，是亦因彼”（《庄子·齐物论》），其合理因素是超脱人为偏见而揭出对立之交参互函，进而达到对事物的全面认识。《庄子》还提出“见独”与“体道”，主张“不以心捐道，不以人助天”（《庄子·大宗师》）、“无思无虑始知道，无处无服始安道，无从无道始得道”（《庄子·知北游》），二者都是一种直觉方法。孔子兼重“学”“思”，认为“学而不思则罔，思而不学则殆”（《论语·为政》）。他主张“多学而识”（《论语·卫灵公》）、“博学于文”（《论语·雍也》），《论语》就载有“子入太庙，每事问”（《论语·八佾》）。在“学”的基础上还要“思”，“默而识之”（《论语·述而》）以达到“一以贯之”（《论语·里仁》）之道。孔子又提出“叩其两端”（《论语·子罕》）以达到对事物的全面认识。孟子重“思”，认为“心之官则思，思则得之，不思则不得也”（《孟子·告子》），“心”能够克服耳目等感官“蔽于物”的不足而认识“理义”；他提出“博学而详说之，将以反说约也”（《孟子·离娄》），由“博”反“约”是孟子方法论的主旨。荀子针对认识的片面性提出“兼陈万物而中县（悬）衡”（《荀子·解蔽》）的认识方法，他注重“类不悖，虽久同理”（《荀子·非相》）的类比推理，主张“以近知远，以一知万”“以人度人，以情度情，以类度类”（《荀子·非相》）。荀子进而认为“精于物者以物物，精于道者兼物物，故君子壹于道，而以赞稽物”（《荀子·解蔽》）。由“物”到“类”再到“道”是认识的不断拓展和深化。秦汉儒家的《易传》也注重对事物的观察和辨析，提出“观乎天文以察时变，观乎人文以化成天下”（《彖传》）、“仰以观于天文，俯以察于地理”（《系辞上传》），既肯定“见天下之赜”（《系辞上传》）的必要性，又强调“观其会通”“易简而天下之理得”（《系辞上传》），主张“赜”与“简”的统一。墨子提出“摹略万物之然”（《墨子·小取》），注重对客观事物的观察与辨析；又提出“类”“故”观点，强调“知类”（《墨子·公输》）以“明其故”（《墨子·非攻下》）并进而“知来”（《墨子·鲁问》），即通过提出概念范畴、辨别事物的因果关系以对未来有所预见，这在自然科学的探索中具有重要意义。后期墨家进一步提出“闻、说、亲”概念，“亲”是亲身实践以获得直接经验，“闻”主要是获得别人的间接经验，“说”是以“类”的方式进行推理，并主张“以名举实，以辞抒意，以说出故”（《经上》），对形式逻辑的发展做出了重要贡献。名家惠施、公孙龙也都注重对事物的观察，惠施“遍为万物说……散于万物而不厌”（《庄子·天下》），其对“历物十事”的分析表明“他注意并善于从部分把握整体，从多把握一，从有限把握无限，从差异把握同一”，其中包含着辩证思维的合理因素。公孙龙探讨了一般与个别的关系，在著名的“离坚白”命题中，他在“‘坚、白、石三，可乎？’曰：‘不可’”的表述中肯定了“坚、白、石”的统一性，同时又认为“得其所白，不可谓无白；得其所坚，不可谓无坚”“得其白，得其坚，见与不见离。不见离，一一不相盈，故离”（《公孙龙子·坚白论》），辨析了“石”所蕴含的“坚、白”两种内在属性，这其中包含着对分析方法的重视。

东汉王充主张“方比物类”（《论衡·薄葬》），要求“推原事类”即以“类”的方式对事物进行归纳，从而“案兆察迹”“揆端推类”（《论衡·实知》），观察事物发展变化的内在联系而“处来事”（《论衡·实知》）。北宋张载深刻阐述了对立统一的辩证思维，认为“两不立则一不可见，一不可见则两之用息”（《正蒙·太和》），在认识方法上也主张全面观察事物之“两一”。程颐把《大学》的“格物致知”解释为“凡一物上有一理，须是穷致其理”。

“须是今日格一件，明日又格一件，积习既多，然后脱然自有贯通处。”（《河南程氏遗书》卷十八），在积累的基础上发生质的飞跃即可由个别之理达到一贯之道，其中包含着科学归纳法的合理因素。朱熹认为“即凡天下之物，莫不因其已知之理而益穷之，以求至乎其极。至于用力之久，而一旦豁然贯通焉，则众物之表里精粗无不到，而吾心之全体大用无不明矣”（《大学章句》）。他在认识论上的一个重大贡献是肯定了分析与综合的统一，一方面主张“析之极其精而不乱”（《大学或问》），另一方面又强调“合尽之其大而无余”（《大学或问》），既要“知其粗”又要“晓其精”（《朱子语类》卷十八）。明代王廷相提出“理可以会通，事可以类推，智可以旁解”（《王廷相集》卷三十三《石龙书院学辩》），由“知其理”可以“知来”（《慎言·五行篇》）。方以智反对“离一贯之多识”与“离多之一贯”（《一贯问答》）两种错误偏向，主张“多识”与“一贯”、“博”与“约”的统一，王夫之肯定孔子的“学”“思”并注重思想，认为“致知之途有二，曰学曰思……二者不可偏废，而必相资以为功”（《四书训义》卷六），认为“学”“思”也就是“格物”与“致知”的关系，“船山所谓格物，是验事以得理，实即今所谓归纳法；其所谓致知，是专用思以穷理之隐，实即今所谓演绎法”。清初颜元注重“习行”，批评“以讲读为求道之功”（《存学编》），主张“犯手实做其事”（《四书正误·大学》），从“习行”中获得真知，表现了勇于创新的理论品格。戴震注重分析，强调“理义在事情之条分缕析”（《孟子字义疏证》卷上）、“必就事物剖析至微而后理得”（《孟子字义疏证》卷下）。

中国古代哲学家从多个方面对致知方式进行了探索，其中既有辩证思维方法，也有演绎与归纳、分析与综合等具体方法。但从整体上来说，我国古代的逻辑分析方法不够完善，这与实证科学的不发达直接相关。我们今天既要发挥辩证思维的优良传统，又要学会缜密分析的科学方法。深入总结、继承和发挥古代致知方式的积极贡献，对于实现思维方式的现代化具有重要的意义。

（六）“修此知彼”的主体修养论

张岱年指出：“中国哲学中的方法论，有一根本倾向，即注重致知与道德修养的关联，甚或认为两者不可分，乃是一事。”深刻探讨认识谬误产生的缘由，高度重视去认识主体的精神修养是中国传统哲学的一个特异贡献。

《管子·心术》首先提出“不修之此，焉能知彼”的命题，充分强调主体修养对认识的重要性，并以“静”“因”为修养方法，“因”即“舍己而以物为法者也”，主观要“以物为法”以如实地反映客观现象，“因此者，无益无损也”。“因”以“虚”“静”为前提条件：第一，“修之此，莫能如虚矣。虚者，无藏也”。在认知事物之前不能有预先的成见，为此要“洁其宫，开其门，去私毋言，神明若存”，所谓“无藏”也就是“去私”，这样就可以使精神保持正常状态。第二，“静乃自得”，“毋先物动者，摇者不定，躁者不静，言动之不可以观也”。做到了“虚”“静”“因”就能够“感而后应”“缘理而动”，达到对事物的正确认识。孔子明确提出“蔽”的问题，认为“好仁不好学，其蔽也愚；好知不好学，其蔽也荡；好信不好学，其蔽也贼；好直不好学，其蔽也绞；好勇不好学，其蔽也乱；好刚不好学，其蔽也狂”（《论语·阳货》）。而克服“蔽”的方法就是“学而不厌”（《论语·述而》）、“学而知之”（《论语·季氏》）。《论语》又载孔子反对“毋意，毋必，毋固，毋我”（《论语·子罕》）而提倡以“知之为知之，不知为不知”（《论语·为政》）作为求知的基本态度。孟子提出“求放心”，以“专心致志”（《孟子·告子上》）作为学习的必要条件。道家高度重视主体修养，老子提出以“为道日损”（《老子》第四十八章）、“涤除玄览”（《老子》第十章）作为认知的主体条件。庄子明确主张“且有真人而后有真知”（《庄子·大宗师》），认为“道隐于小成，言隐于荣华”（《庄子·齐物论》），满足于既有知识和浮华言辞是导致是非争辩的原因，因此要超脱人我彼此之界限而力求“以道观之”。

荀子对先秦认识论进行了理论总结，提出了比较系统的主体修养学说。他继承了孔子对“蔽”的认识，指出“蔽于一曲”（《荀子·解蔽》）而又曲意掩饰是造成认识谬误的主要原因。那么“敝”的原因又是什么呢？从其客观方面来说，“凡万物异，则莫不相为蔽”（《荀子·解蔽》）；从主观方面来说，“凡观物有疑，中心不定，则外物不清。吾虑不清，则未可定然否也……以疑决疑，决必不当；夫苟不当，安能无过乎？”（《荀子·解蔽》）为了防止认知片面性，荀子继承和发展了《管子》的“虚”“静”“因”思想，提出“虚壹而静”的修养方法。所谓“虚”即“不以所已藏害所将受”，“已藏”与“将受”之间是辩证统一的关系，对新的事物不能预存成见，不以已有的认识妨害新的认识。荀子认为“心生而有知，知而有异”，多种认识同时发生乃是“心”之必然，因此“壹”或专一并非消极排斥其他认识，而是“不以夫一害此一”，对每一个认识对象都要专心致志，并能够顺利做到注意力在不同认识对象之间的转换，以达到“异也者同时兼知之”的认识效果，这是对《管子·心术下》“专于意，一于心”的继承与发展。荀子认为“心未尝不动也”，但“动”“静”之间有其统一，“静”就是不以“梦剧”等消极心理扰乱心知，以保证思维的正常活动，“虚”“壹”“静”三者的统一即为认知的境界——“大清明”。韩非提出“思虑静”“孔窍虚”的修养学说，主张“用神也静”（《韩非子·解老》）、“执一以静”（《韩非子·扬权》），这就要求“去喜去怒，虚心以为道舍”（《韩非子·扬权》）以摆脱“无缘而妄意度”的“前识”，从而达到“缘道理以从事”（《韩非子·解老》）的认知目的。

北宋邵雍的《皇极经世·观物外篇》认为“任我则情，情则蔽，蔽则昏矣”，主张“因物则性，性则神，神则明矣”。张载要求“不以嗜欲累其心，不以小害大、未丧本焉”（《正蒙·诚明》），认为“‘穷神知化’，乃养盛自致，非思勉之能强”（《正蒙·神化》），肯定道德修养对认识的重要作用。程颐认为“入道莫如敬，未有能致知而不在敬者”（《河南程氏遗书》卷三），“敬”即专心一意，“人心不能不交感万物，难为使之不思虑？若欲免此，惟是心有主。如何为主？敬而已矣。有主则虚，虚谓邪不能入。无主则实，实谓物来夺之。大凡人心不可二用，用于一事，则他事更不能入者，事为之主也。事为之主，尚无思虑纷扰之患，若主于敬，又焉有此患乎？所谓敬者，主一之谓敬”（《河南程氏遗书》卷十五）。南宋朱熹也强调“为学须是专一”（《朱子语类》卷八），如果“为利欲所昏”就不能“致其知”（《朱子语类》卷十五），因此主张“将致知者，必先有以养其知。……欲养其知者，惟寡欲而已矣”（《朱子语类》卷十八），“寡欲”也即“存其心”，由此而“知益明”“得益固”。

楼宇烈认为：“强调认识过程中的主体修养，认为认识活动与道德修养有密切关系，是中国传统哲学的一大特征。”古代哲学注重认识主体的片面性，要求在认识过程中养成一种虚心、专一、宁静的精神状态，这在今天看来仍然是正确的。同时，中国传统哲学的这一特征与古代学者强调身心修养，注重思想、学说与实际生活相结合的“知行合一”思想也有密切关系。今天重新思考古代的主体修养学说，对于我们重新培养“知行一贯的精神”也有深刻的启示意义。

三、“义利两有”的人生观

中国传统哲学的核心是人生哲学，“人生论实是中国哲学所特重的。可以说中国哲学家所思所议，三分之二都是关于人生问题的”。中国古代的哲学家在天人关系论、人性论、人生价值论、人生理想论、道德修养论等方面进行了大量探索，留下了丰富的思想遗产，其中仍有许多精义值得我们珍视和借鉴。

（一）“人为最灵”“天人合一”的天人关系论

中国传统人生哲学往往以“究天人之际”为开端，即首先探讨人在天地之间的地位和天人之间的关系问题。总体上来看，一些哲学家从量上论述人之形体的局限性和个体生命的有限性，认为“吾在天地之间，犹小石小木之在大山也。方存乎见少，又奚以自多”（《庄子·秋水》）。但大多数哲学家都肯定人在宇宙之间的卓越地位，如老子认为：“故道大，天大，地大，人亦大。域中有四大，而人居其一焉。”（《老子》二十五章）许多哲学家从不同角度强调人之超越其他物类的优异特性，如墨子重“力”，认为人“赖其力者生，不赖其力者不生”，由此而异于“禽兽麋鹿蜚鸟贞虫”（《墨子·非乐上》）。荀子从宇宙层次论上提出：“水火有气而无生，草木有生而无知，禽兽有知而无义，人有气有生有知亦且有义，故最为天下贵也。”（《荀子·王制》）肯定“有义”是人的根本特性。秦汉儒家提出“人者，天地之心也”（《礼运》），认为人可以达到宇宙之自觉。汉代董仲舒认为人“粲然有文以相接，欢然有恩以相爱”（《汉书·董仲舒传》），因而“超然万物之上而最为天下贵”，可以“下长万物”而“上参天地”（《春秋繁露·天地阴阳》）。周敦颐认为：“二气交感，化生万物，万物生生，而变化无穷焉，唯人也得其秀而最灵。”（《太极图说》）邵雍提出：“人之所以灵于万物者，谓其目能收万物之色，耳能收万物之声，鼻能收万物之气，口能收万物之味。……人也者，物之至者也。”（《皇极经世·观物内篇》）戴震亦肯定人超越于“卉木之生”“飞走蠕动之俦”而为“天地至盛之征”，能够认识其他物类之性而“以驯以豢”“良农以莳刈”“良医以处方”（《原善》)。总之，古代哲学家从宇宙论和劳动、智慧、伦理道德等角度论证了人在宇宙中的卓越价值，强调人应该具有异于他物的生存方式和生活方式。

传统天人关系说主要有“天人之分”与“天人合一”两种基本类型。“天人之分”思想萌生于传说中颛顼时代的“绝地天通”，以荀子和刘禹锡为代表。荀子提出“明于天人之分，则可谓至人矣”(《荀子·天论》)，既肯定“天行有常”又主张“制天命而用之”(《荀子·天论》)，揭示了客观规律与人类主观能动作用的辩证统一；刘禹锡认为“天之道在生植，其用在强弱。人之道在法制，其用在是非”，主张“天与人交相胜”(《刘禹锡集·天论》)。这种思想区别天道与人道，蕴含着人在自然界的主体地位和改造自然等合理因素。“天人合一”在天人关系说中居主导地位，周宣王时的“天生蒸民，有物有则；民之秉彝，好是懿德”(《诗经·大雅·荡之什》)是“天人合一”观念之滥觞。所谓“天”虽然有自然之天、主宰之天、义理之天等内涵，但其最基本的含义是指自然界，人与自然的关系是传统“天人合一”思想中最具有当代价值的精粹内容。正确认识人与自然的关系不仅有助于克服狭隘的人类中心主义，超脱流俗以提升精神境界，而且有助于建立更高水平的“天人合一”的生产方式和生活方式。特别是《中庸》“赞天地之化育”“与天地参”命题，与《易传》“先天而天弗违，后天而奉天时”(《乾卦·文言传》)和“裁成天地之道，辅助天地之宜”(《泰卦·相传》)命题都肯定人与自然既区别又统一，强调人在遵循自然规律的前提下赞助自然、调整自然、改善自然而实现天人协调的理想境界，可与恩格斯“我们每走一步都要记住：我们决不像征服者统治异族人那样支配自然界，决不像站在自然界之外的人似的去支配自然界———相反，我们连同我们的肉、血和头脑都是属于自然界和存在于自然界之中的；我们对自然界的整个支配作用，就在于我们比其他一切生物强，能够认识和正确运用自然规律”的观点相映照，我们应该以人民群众的社会实践为基础对其进行现代转化，使其在建立人与自然和谐共存、持续发展的生态文明中发挥积极作用。

（二）“人禽相分”“人之为人”的社会人性论

中国传统哲学对人性或人的本质问题进行了深入探索，揭示了人性的多种意蕴，并往往以人性论作为整个人生论的理论基础。

总体上传统哲学对“性”的界定主要有三种观点。观点一：一些哲学家注重人所具有的自然本能，如告子提出“生之谓性”“食色，性也”(《孟子·告子上》)，荀子讲“凡性者，天之就也”“不事而自然谓之性”(《荀子·性恶》)，戴震认为“人之血气心知本乎阴阳五行者，性也”(《孟子字义疏证》卷上)。观点二：一些哲学家更重视人的社会性、伦理性、智能性，这是中国哲学家的突出贡献。孔子讲“性相近”(《论语·阳货》)，又云“鸟兽不可与同群，吾非斯人之徒与而谁与？”(《论语·微子》)其所谓“性”乃人所特有之性。孟子所谓“性”特指“人之所以异于禽兽者”(《孟子·离娄下》)，他提出“恻隐之心，人皆有之；羞恶之心，人皆有之；恭敬之心，人皆有之；是非之心，人皆有之。恻隐之心，仁也；羞恶之心，义也；恭敬之心，礼也；是非之心，智也。仁义礼智，非由外铄我也，我固有之也”（《孟子·告子上》），“仁义礼智”是人区别于禽兽的根本特征，这“四端”只要“集义”以“扩而充之”（《孟子·公孙丑下》）就能够达到“大丈夫”（《孟子·滕文公下》）的崇高境界，所谓“先立乎其大者，则其小者弗能夺也”（《孟子·告子上》），充分肯定了道德高于“味、色、声、臭”等自然属性。荀子虽然讲“性者天之就”，但他所强调的是“人之所以为人者”“以其有辨也”（《荀子·非相》），认为“力不若牛，走不若马，而牛马为用，何也？曰：人能群，彼不能群也。人何以能群？曰：分，分何以能行？曰：义”（《荀子·王制》），作为人与禽兽之根本区别的“义”是自然属性之改易，即“圣人化性而起伪，伪起而生礼义”（《荀子·性恶》），这种“化性”思想肯定了人的主体能动性和创造性。戴震认为“人以有礼义，异于禽兽，实人之知觉大远乎物则然”（《孟子字义疏证》卷中），强调人以其“知”而“有礼义”。观点三：宋明理学家试图为人性论提供宇宙论的依据，在“气质之性”外提出“天地之性”（《正蒙·诚明篇》）或“极本穷原之性”（《河南程氏遗书》卷三），而“自性而行皆善也，圣人因其善也，则为仁义礼智信以名之”（《河南程氏遗书》卷二十五），这实际上是把伦理道德抬高为宇宙的基本原则，其合理性则在于肯定人与宇宙的统一性。从宇宙论上讲人性的观点中，比较平实的是王夫之的“性日生日成”观点，他认为“夫性者生理也，日生则日成也。则夫天命者，岂但初生之顷命之哉？……故天日命于人，而人日受命于天。故曰性者生也，日生而日成之也”（《尚书引义》卷三），既肯定人性有天的根源，又强调“已生以后，人既有权也，能自取而自用也”，从而把客观禀赋与主体能动性统一起来。

从当代哲学的立场来看，在经过重新释义之后，可以把“极本穷原之性”“生之谓性”“人之所以异于禽兽者”作为人性的三层内涵：其一，从人与自然相统一的角度来看，人与其他物种共存于宇宙统一体中，人性有着物质世界生生不已的客观依据；其二，“食色”“血气”等自然属性是人性的内容，是人与其他生物共同具有的特征；其三，人性的主导因素应该是“人之所以异于禽兽者”“人之所以为人者”的特异性质。传统儒家对“性”的界定虽有不同，但都以“理义”或“礼义”作为人超然于禽兽的根本特征；墨家则认为“力”是人之不同于禽兽的特点。马克思主义认为实践性是人的本质属性，“人的类特性恰恰就是自由的自觉的活动”，我们应该在社会实践的基础上汲取传统人性论的合理因素，既肯定人与自然的统一性，又肯定自然本能与道德属性、智慧属性的统一，促进人类物质生活与精神生活的协调发展。

（三）“良贵”“能群”“贵己”“齐物”的人生价值论

人生价值问题是人生哲学的重要内容，中国传统哲学对此进行了深入探索。先秦价值论以儒道墨三家为代表。

儒家高度重视道德的内在价值，孔子区别以仁为内在价值的“仁者安仁”与以仁为外在价值的“知者利仁”（《论语・里仁》），而以仁者高于知者，他赞扬“匹夫不可夺志也”（《论语・子罕》），肯定普通人的独立人格。孟子提出：“人人有贵于己者，弗思耳。人之所贵者，非良贵也。赵孟之所贵，赵孟能贱之。”（《孟子・告子上》）以仁义礼智为内涵的“天爵”或“良贵”即人所固有的内在价值，它高于“人爵”“赵孟之所贵”等外在的世俗价值。荀子讲“意志修则骄富贵，道义重则轻王公，内省而外物轻矣”（《荀子・修身》），强调“道义”的价值高于外在的富贵。

儒家还注意到人的外在价值，如孔子云：“夫仁者，己欲立而立人，己欲达而达人”（《论语・雍也》），仁是“己立”与“立人”，“己达”与“达人”的统一。他以“知、仁、勇”（《论语・子罕》）为理想人格的内涵，并强调“吾非斯人之徒与而谁与？”（《论语・微子》）、“苟有用我者，期月而已可也，三年有成”（《论语・子路》）、“我待贾者也”（《论语・子罕》），肯定有为天下所用的外在价值。孟子倡导“以德行仁者王……以德服人者，中心悦而诚服也”“以不忍人之心，行不忍人之政，治天下可运之掌上”（《孟子・公孙丑上》）。荀子认为“仁义”是“彼固天下之大虑也，将为天下生民之属长虑顾后而保万世也”（《荀子・荣辱》），肯定道德（“义”）能够保障人们的整体利益与长远利益。总体上来看，虽然儒家在兼顾内外价值的同时又表现了重“内”轻“外”的倾向，但其肯定道德自觉，追求人格尊严与社会责任相统一的理论仍然具有积极意义。

道家的显著特点是强调真善美等人为价值的相对性，要求超越相对价值而达到绝对价值。老子云：“天下皆知美之为美，斯恶已；皆知善之为善，斯不善已。”（《老子》第二章）主张追求“不可得而亲，不可得而疏，不可得而利，不可得而害，不可得而贵，不可得而贱，故为天下贵”（《老子》第五十六章）。《庄子》提出：“物固有所然：物固有所可，无物不然，无物不可。故为是举莛与楹，厉与西施，恢诡憰怪，道通为一。”（《齐物论》）又云：“以道观之，物无贵贱。以物观之，自贵而相贱。以俗观之，贵贱不在己。”（《秋水》）道家由此揭示了“仁义”的两重性：“大道废，有仁义；智慧出，有大伪；六亲不和，有孝慈；国家昏乱，有忠臣”（《老子》第十八章），“彼窃钩者诛，窃国者为诸侯；诸侯之门而仁义存焉，则是非窃仁义圣智邪”（《庄子・胠箧》），主张“夫至德之世，同与禽兽居，族与万物并，恶乎知君子小人哉？”（《庄子・马蹄》），表达了对等级制度的批评和对平等自由的向往。

墨家提出“义，利也”（《墨子・经上》）、“利，所得而喜也。害，所得而恶也”（《墨子・经上》）、“义利，不义害”（《墨子・大取》）诸命题，认为“义”具有达到“国家百姓人民之利”（《墨子・非命上》）的外在价值。后期墨家提出“仁，爱己者非为用己也，不若爱马者”（《墨子・经说上》），肯定“仁”具有内在价值，因而可以说墨家在总体上也肯定了内外价值的统一。

在价值观的基本问题上，中国传统人生哲学对生义、义利、德力、理欲、和同等问题进行了探索。

春秋时期的隐者之流追求“洁其身”（《论语·微子》）。道家重“生”，杨朱讲“为我”（《孟子·尽心上》）、“贵己”（《吕氏春秋·不二》），老子讲“长生久视之道”（《老子》七十五章），庄子要求超脱人世之是非而“保身、全生”（《庄子·养生主》）。儒家重“义”，孔子讲“义以为上”（《论语·阳货》），又肯定“知生”（《论语·先进》）的重要，在生与仁、义冲突时强调“杀身以成仁”（《论语·卫灵公》）。孟子既肯定“生”之重要，更讲“舍生而取义”（《孟子·告子上》）。“杀身成仁”“舍生取义”铸就了中华民族的伟大气节。王夫之讲“珍生”而反对“贱形、贱生”（《周易外传》卷二），又强调“务义”（《尚书引义》卷二）而讲“生以载义”（《尚书引义》卷五），达到了对生义关系的正确理解。

中国传统道德的主题是始于先秦的“义利之辨”，它“包含个人利益与群体利益的关系问题以及精神生活与物质生活的关系问题”。一般来说，“义”训“宜”，指以公正为核心的道德原则、道德义务等，是“人之所以异于禽兽者”（《孟子·离娄下》）或“人之所以为人者”（《荀子·非相》）；“利”一般指物质利益如财富、地位等，又有私利与公利之别。春秋时期晏婴提出“义，利之本也”（《左传·昭公十年》），“义”即“当然，亦即行为的裁制”；“利”即“能维持或增进人之生活者，亦即能满足人之生活需要者”，包括私利和公利。在道德高于私利的前提下，孔子既认为“君子义以为上”（《论语·阳货》）、“君子喻于义，小人喻于利”（《论语·里仁》），又主张“因民之所利而利之”（《论语·尧曰》）；孟子既认为“王亦曰仁义而已矣，何必曰利？”又主张“制民之产”（《孟子·梁惠王上》）；荀子则主张“义与利者，人之所两有也”（《荀子·大略》）。墨家认为“仁人之所以为事者，必兴天下之利，除去天下之害，以此为事者也”（《墨子·兼爱中》）。后期儒家既有重义轻利的倾向，也有兼重义利的潮流。如董仲舒认为“天之生人也，使人生义与利；利以养其体，义以养其心”（《春秋繁露·身之养重于义》），张载提出“义，公天下之利”（《正蒙·大易篇》），程颐主张“凡顺理无害处便是利，君子未尝不欲利……仁义未尝不利”（《河南程氏遗书》卷十九）。李觏批评“贵义而贱利”（《李觏集·卷十六·富国策第一》），叶适认为“既无功利，则道义乃无用之虚语耳”（《习学记言序目·卷二十三》），王夫之提出“立人之道曰义，生人之用曰利。出义入利，人道不立；出利人害，人用不生”（《尚书引义》卷二《禹贡》），颜元主张“义中之利，君子所贵也。……正其谊以谋其利，明其道而计其功”（《四书正误》卷一《大学》）。应该肯定，这种义利合一思想是对义利问题的正确解答。这种以义为尚、兼重义利的思想倾向可以说是儒家的基本态度，它塑造了中华民族重德尚义的精神气概、“乐以天下、忧以天下”的强烈使命感和“富贵不能淫，威武不能屈，贫贱不能移”的大丈夫气概。今天，如果我们把“义”诠释为最广大人民群众的根本利益，那么兼重义利、以义兴利的新义利之辨完全可以与社会主义市场经济相协调。既要支持个人利益、企业利益、地方利益的正当发展，保护个人的相对自由，又要强调国家利益高于个人利益、企业利益、地方利益，必要时个人、企业、地方应为国家利益做出牺牲，如此才能有中华民族的伟大凝聚力。同样地，社会主义市场经济肯定物质生活与精神生活的协调发展，既肯定物质生活是提升精神生活境界的基本条件，始终坚持以经济建设为中心不动摇，不断提高人民物质生活水平，又强调追求真、善、美的精神生活高于物质生活的享受，要不断提高国民综合素养，反对唯利是图、物欲横流、奢靡浮华的消极现象。个体利益与国家利益，以及物质文明与精神文明的协调发展的新型社会主义市场经济，必将是中国特色社会主义的重要特色。

“理欲之辨”也发端于先秦，《礼记·乐记》提出“灭天理而穷人欲”，“天理”实际上是“自然的普遍的规律或准则”或“必然的规律或准则”，其中包括“凡有普遍满足之可能，即不得不满足的，亦即必须满足的欲”。只有“未有普遍满足之可能，非不得不然的，即不是必须满足的欲”才是“人欲”或私欲。孔子提出“七十而从心所欲，不逾矩”(《论语·为政》)，孟子认为“养心莫善于寡欲”(《孟子·尽心下》)，荀子主张“以道制欲，则乐而不乱”(《荀子·乐论》)，胡宏提出“天理人欲，同体而异用，同行而异情”(《知言·朱熹胡子知言疑义》)，王夫之认为“随处见人欲，即随处见天理”(《读四书大全说·孟子·梁惠王下篇》)，戴震主张“理者存乎欲者也”(《孟子字义疏证》卷上)。应该说，以(道)理导欲是“理欲之辨”的正确结论。

“德”“力”对举始于孔子，孔子提出“骥，不称其力，称其德也”(《论语·宪问》)，又认为“桓公九合诸侯，不以兵车，管仲之力也”(《论语·宪问》)；孟子把“以力服人”与“以德服人”对举(《孟子·公孙丑下》)，又提出“圣，譬则力也”(《孟子·万章上》)。荀子认为“君子以德，小人以力，力者德之役也”(《荀子·富国》)，又提出“全其力，凝其德”(《荀子·王制》)。总之，儒家在重德轻力的前提下对德、力都有所认识。墨家“尚力”，提倡“竭力从事”(《墨子·天志上》)；法家重力，提出“古人亟于德，中世逐于智，当今争于力”(《韩非子·八说》)。王充讲“一曰养德，二曰养力。……夫德不可独任以治国，力不可直任以御敌也”(《论衡·非韩》)，这种“德、力具足”观点是对德、力问题的正确解答。

“和同之辨”源于西周的史伯：“夫和实生物，同则不继。以他平他谓之和，故能丰长而物归之；若以同裨同，尽乃弃矣。”(《普通话·郑语》)晏子提出：“君所谓可，而有否焉，臣献其否，以成其可。君所谓否，而有可焉，臣献其可，以成其否。”(《左传》昭公二十年)孔子主张“君子和而不同”(《论语·子路》)，其弟子有若提出“和为贵”(《论语·学而》)，所谓“和”是多样性的统一。

市场经济与伦理道德的关系是中西学界长期以来争论的重要课题，西方经济学创始人亚当·斯密(Adam Smith)试图达到自由主义经济观与利他主义道德观。改革开放以来国内学界曾热烈讨论传统道德与社会主义市场经济的关系等问题，肯定道德是连续性与变革性、民族性与世界性的辩证统一，使得社会主义道德对市场经济的重要作用达成共识。中国特色社会主义市场经济是前无古人的伟大创新，我们要继承和弘扬中华传统美德，“在去粗取精、去伪存真的基础上，坚持古为今用、推陈出新，努力实现中华传统美德的创造性转化、创新性发展，引导人们向往和追求讲道德、尊道德、守道德的生活”。从当代立场来看，传统人生价值论有助于我们正确理解人格尊严的内在价值和社会责任的外在价值、生命价值和精神价值的统一；如果赋予义、理以广大人民群众根本利益的新内涵，那么“义利之辨”“理欲之辨”有助于正确理解个人利益和社会利益、物质生活和精神生活的协调发展；“和同之辨”有助于正确理解“一元主导、兼容多元”的和谐本意。它们可以转化为社会主义核心价值体系的合理因素，建立富有民族特色与时代精神的新价值观和新道德，以克服市场经济的自发性、趋利性等弱点。这对提高道德觉悟和弘扬民族精神、规范社会主义市场经济的健康发展都具有积极作用。

（四）“仁智”“兼爱”“兼士”“至人”的人生理想论

中国传统人生理想论的基本内容是关于“仁”“爱”的学说。儒家以“仁”为最高准则，“孔子贵仁”（《吕氏春秋・不二》）。“仁”即“爱人”（《论语・颜渊》），其主要含义是“夫仁者，己欲立而立人，己欲达而达人”（《论语·雍也》）。孟子认为仁是“恻隐之心”（同情心）的扩充，“人皆有不忍人之心。……恻隐之心，仁之端也”（《孟子·公孙丑上》），“仁者以其所爱，及其所不爱”（《孟子・尽心下》）。“仁”在汉唐至宋明时代发展为泛爱思想，如韩愈讲“博爱之谓仁。”（《原道》）张载云：“民吾同胞，物吾与也。”（《西铭》）墨家以“兼爱”为最高准则，“墨子贵兼”（《吕氏春秋・不二》），“墨子兼爱，磨顶放踵利天下为之”（《孟子・尽心上》）。“兼爱”是“视人之国若视其国，视人之家若视其家，视人之身若视其身”（《墨子・兼爱中》）的无差别之爱，体现为一种积极救世的精神。道家反对爱之虚伪而讲“慈爱”，认为“绝仁弃义，民复孝慈”（《老子》十九章）、“我有三宝，持而保之，一曰慈，二曰俭，三曰不敢为天下先”（《老子》六十七章），《庄子》讲“至仁无亲”（《庚桑楚》），所谓“慈”是一种朴素自然的真爱。

中国传统人生理想论特别列举了理想人格。儒家高悬“圣人”而以“仁者”（“君子”“士”“大丈夫”“大人”等）为具体追求的人格形态。孔子云：“君子无终食之间违仁，造次必于是，颠沛必于是。”（《论语・里仁》）孔子弟子曾子云：“士不可以不弘毅，任重而道远。仁以为己任，不亦重乎？死而后已，不亦远乎？”（《论语·述而》）孟子以“仁且智”为“圣”之内涵，认为：“居天下之广居，立天下之正位，行天下之大道。得志，与民由之；不得志，独行其道。富贵不能淫，贫贱不能移，威武不能屈。此谓大丈夫也。”（《孟子・滕文公下》）墨家也虚悬“圣人”而以实践“兼爱”的“兼士”为具体人格。与此相反的则是“别士”，认为：“别士之言曰：‘吾岂能为吾友之身，若为吾身；为吾友之亲，若为吾亲？’是故推睹其友，饥即不食，寒即不衣，疾病不侍养，死丧不葬埋。别士之言若此，行若此。兼士之言不然，行亦不然。曰：‘吾闻为高士于天下者，必为其友之身若为其身，为其友之亲若为其亲。然后可以为高士于天下。’是故退睹其友，饥则食之，寒则衣之，疾病侍养之，死丧埋葬之。兼士之言若此，行若此。”（《墨子·兼爱下》）道家虚悬“天人”“神人”而以“不以心捐道，不以人助天”（《庄子·大宗师》）的“至人”“真人”为理想人格，认为“不离乎宗，谓之天人；不离乎精，谓之神人；不离乎真，谓之至人；以天为宗，以德为本，以道为门，兆于变化，谓之圣人。以仁为恩，以义为理，以礼为行，以乐为和，熏染慈仁，谓之君子”（《庄子·天下》）。

在社会主义市场经济的发展过程中，各种个人主义价值观不断侵蚀人们的头脑，我们最重要的任务就是大力弘扬社会主义核心价值体系。除此之外，也应该深入发掘中国传统人生理想论中的思想精华，使其在正确理解个人与社会、人与自然的关系中更好地发挥支援意识的作用，这对树立崇高理想、追求高尚人格都有重要意义。

（五）“为仁由己”“克己”“去欲”的修养工夫论

中国古代哲学家以道德修养作为实现人生理想的重要条件，形成了重视道德修养的重要特色。

传统人生哲学高度强调道德的自觉能动性。孔子认为“为仁由己，而由人乎哉？”（《论语·颜渊》）“我欲仁，斯仁至矣。”（《论语·述而》）孟子认为“舜何？人也。予何？人也。有为者亦若是”（《孟子·滕文公上》），肯定“人皆可以为尧舜”（《孟子·告子下》）。荀子提出“心容自择”，认为“心者形之君也，而神明之主也，出令而无所受令，自禁也，自使也；自夺也，自取也；自行也，自止也。故口可劫而使墨云，形可劫而使诎申，心不可劫而使易意。是之则受，非之则辞”（《荀子·解蔽》），肯定“途之人可以为禹”（《性恶》）。墨家批判儒家的命定论而重“力”，认为“存乎桀纣而天下乱，存乎汤武而天下治。天下之治也，汤武之力也；天下之乱也，桀纣之罪也。……夫岂可以为命哉？故以为其力也”（《墨子·非命下》），这种“非命尚力”的主张可以说是对道德的自觉能动性的有力宣扬。道家自觉追求“无为”，老子认为“我无为而民自化，我好静而民自正，我无事而民自富，我无欲而民自朴”（《老子》第五十七章）、“圣人常善救人，故无弃人；常善救物，故无弃物”（《老子》第二十七章），庄子讲“吾游心于物之初。……夫得是，至美至乐也。得至美而游乎至乐，谓之至人”（《庄子·田子方》）。这种精神境界的提升过程也体现了其道德的自觉的能动性。

传统人生哲学主张克制物质欲求而提升精神境界。孔子认为“克己复礼为仁”（《论语·颜渊》）、“居处恭，执事敬，与人忠”（《论语·子路》），这种以“修己”“克己”为主导倾向的修养理论为后儒继承和发扬。如孟子讲“养心莫善于寡欲”（《孟子·尽心下》),《大学》讲“诚意”“正心”,《中庸》强调“慎独”的重要性。宋明理学则有对“孔颜乐处”“天理人欲”的更深入探讨。墨家主张克制物欲、情欲而特别注重苦行，认为“且夫仁者之为天下度也，非为其目之所美，耳之所乐，口之所甘，身体之所安，以此亏夺民衣食之才，仁者弗为也”(《墨子·非乐》)、“必去怒，去乐，去悲，去爱，去恶,而用仁义”(《墨子·贵义》),其具体表现是“任”,即“士损己而益其所为也”(《墨子·经上》)或“为身之所恶,以成人之急”(《墨子·经说上》)。道家讲“去私”和“去欲”,《老子》认为“是以圣人后其身而身先,外其身而身存,非以其无私邪?故成其私”(第七章)、“吾所以有大患者，为吾有身，及吾无身，吾有何患？”(第十三章)、“甚爱必大费，多藏必厚亡”(第四十四章)，主张“见素抱朴，少私寡欲”(第十九章);《庄子》提倡“堕肢体，黜聪明，离形去知，同于大通”(《大宗师》)，认为“恶、欲、喜、怒、哀、乐六者,累德也”(《庚桑楚》)、“将盈耆欲,长好恶，则性命之情病矣”(《徐无鬼》),主张“同乎无欲，是谓素朴，素朴而民性得矣”(《马蹄》)。

人类社会的良好运行既需要健全的法制，也需要提高人们的道德水平，传统道德修养论可以为社会主义精神文明建设提供有利的智慧资源，对推动我国社会的健康发展具有重要意义。

四、“德法并重”的政治思考

中国传统“民本”思想源远流长，西周初“天命靡常”“敬德保民”是“中国古代‘重人’思想的萌芽”,春秋时提出“上思利民……夫民,神之主也”(《左传·桓公六年》)、“天生民而树之君,以利民也”(《左传·文公十三年》)、“民为君之本也”(《春秋谷梁传·桓公十四年》)。《管子》提出“以人为本，本理则国固，本乱则国危”(《霸言》。“人”乃避唐太宗之讳，因此“以人为本”原为“以民为本”“与民为一体”(《管子·君臣上》)。儒家创始人孔子在中国历史上第一次提出“爱人”(《论语·颜渊》)、“仁者，人也”(《中庸》)，要求把人当人看待，尊重人的内在价值和独立意志。孟子创新孔子的“仁”说，提出以“天爵”“良贵”(《孟子·告子上》)为基础的“仁政”思想,主张“得天下有道，得其民斯得天下矣”(《孟子·离娄上》)、“民为贵，社稷次之，君为轻”(《孟子·尽心下》)，认为民心向背是政权合法性的基本条件、是兴衰成败的关键。“民贵君轻”不仅是中国古代的民本主义，而且是关于人民群众历史作用的光辉论断，在中国思想史上起着重要的发展作用。荀子强调“君者舟也，庶人者水也，水则载舟，水则覆舟”(《荀子·哀公》)，对后世政治实践有深刻影响。汉代贾谊总结殷周秦汉治乱兴衰的经验教训而提出“民无不为本”(《新书·大政上》)，认为“自古至于今，与民为仇者，有迟有速，而民必胜之”(《过秦论》)，高度肯定人民群众的历史地位。中国传统民本思想虽然没有达到民主的高度，但都视人民群众为国家之根本，这是中国共产党“全心全意为人民服务”根本宗旨和“以人为本”为核心的科学发展观的重要思想来源。习近平总书记指出：“得民心者得天下，失民心者失天下，人民的拥护和支持是党执政的最牢固根基。”能否真正实现“以人为本”，是中国特色社会主义民主政治不同于西方民主政治的重要特色。社会主义中国要始终把最广大人民的根本利益作为一切工作的出发点和落脚点，不断促进每个人自由而全面发展的崇高理想。

中国传统政治文化既强调“为政以德”(《论语·为政》)的德治，又有着“以法治国”(《管子·明法》)的悠久传统。法家思想源于春秋时齐国的管仲，强调法律的权威性、稳定性和标准性，以法律作为社会变革和确立新制度的有力武器，如“不法法则事无常，法不法则令不行”(《管子·论法》)、“仪者，万物之程式也。法度者，万民之仪表也”(《管子·形势解》)、“法者，宪令著于官府，赏罚必于民心，赏存乎慎法，而罚加乎奸令者也”(《韩非子·定法》)。先秦法家强调了破除氏族鸿沟形式的“齐”，而把“一”作为绝对的平等看待，也就是强调法律面前的平等性，如商鞅主张“刑无等级，一断于法”(《商君书·赏刑》)、“内不私贵宠，外不偏疏远”(《史记·商君传赞》集解引刘歆《新绪论》)，这是对西周以来贵族等级特权的明确否定，是传统法治思想的重要贡献。在德与法的关系问题上，管仲认为“治民一众，不知法不可，变俗易教，不知化不可”(《管子·七法》)，重视教化与法治的统一。儒家孟子认为：“徒善不足以为政，徒法不足以自行。”(《孟子·离娄上》)也肯定道德与法律之相辅相成，但没有提出详细论证。法家商鞅、韩非都强调法治而以德法对立，儒家强调德治而对法治不够重视，都有其偏颇。我们既要汲取传统德治思想的精华，更要继承古代法治思想的精华而加强制度建设，不断推进国家经济、政治、文化、社会生活的法制化和规范化，为社会公平正义、和谐发展提供可靠而稳定的道德支撑和制度保障。“以人为本”与“以法治国”相统一，是中国特色社会主义政治的鲜明特征和完整形象。

五、“刚健日新”的创新精神

中国从畜牧时代到农耕时代的文明发展历程的一个最重要特色，就是先民的独立创造精神。中国传统文化表现出了鲜明的创新性，这也是其几千年来悠久无疆而绵延不绝，虽衰复盛而博大高明的根本原因。

《礼记》云：“作者之谓圣，述者之谓明。”上古传说都肯定中华文化是人而不是神的积极创造，如包牺氏“作网罟以田渔”、神农氏“教民耕农”、黄帝氏“始垂衣裳，有轩冕之服”等，这些伟大“作者”都体现了创新精神，奠定了中华文明的基调。西周时期周公旦等“制礼作乐”，儒家创始人孔子删定诗书、兴办私学，倡导“知其不可为而为之”(《论语·宪问》)、“发愤忘食，乐以忘忧，不知老之将至”(《论语·述而》)，这种积极有为精神对中国文化的发展产生了深远影响。《易传》提出“日新之谓盛德，生生之谓易”“天行健，君子以自强不息”“刚健笃实辉光，日新其德”等重要论断。从此，“自强不息”成为中华精神的核心内涵，起着促进文化发展的积极作用。同时中国文化也表现出宽容、汲取、转化外来文化的优秀传统，如印度佛教文化传入中国后与固有的儒道文化冲突、融合，创造出以儒家为主体而汲取佛、道之长的宋明理学，仍然保持了中国文化的民族主体性。明末第一次西学东渐时期的徐光启倡导“欲求超胜，必先会通”；近代第二次西学东渐以来，一批批仁人志士顺应中西文化交流的时代趋势，努力创造“亦中亦西”的中国新文化，都充分体现了“自强不息”与“超胜会通”的雄伟抱负。

五四新文化运动之后，中国文化的基本态势是中国传统文化、西方文化和马克思主义三种文化资源的对立互动。毛泽东认为马克思主义必须和我国的具体特点相结合并表现出“新鲜活泼的、为中国老百姓所喜闻乐见的中国作风和中国气派”，这实际上是创造了一种中国形式和亚洲形式的马克思主义。他主张“我们中国人必须用我们自己的头脑进行思考，并决定什么东西能在我们自己的土壤里生长起来”，只有实现中国文化和西方文化之优长的有机结合，才能真正“创造中国独特的新东西”。张岱年指出“唯有信取‘文化的创造主义’而实践之，然后中国民族的文化才能再生；惟有赖文化之再生，然后中国民族才能复兴”；主张“破坏中国旧文化”而“发挥卓越的文化遗产”，以批判的态度“介绍西洋文化”，以唯物辩证法来综合中西文化之所长并“加以进一步的发展”“创造以为主导的要素”，从而创造出社会主义的中国新文化。《中共中央关于构建社会主义核心社会若干重大问题的决定》提出，中国特色社会主义文化的发展“必须坚持马克思主义在意识形态领域的指导地位，牢牢把握社会主义先进文化的前进方向”，同时又要尊重差异，包容多样，最大限度地形成社会思想共识。习近平总书记指出“巩固马克思主义在意识形态领域的指导地位，巩固全党全国人民团结奋斗的共同思想基础”“中华优秀传统文化是中华民族的突出优势，是我们最深厚的文化软实力”。“文明是多彩的，人类文明因多样才有交流互鉴的价值……文明是平等的，人类文明因平等才有交流互鉴的前提……文明是包容的，人类文明因包容才有交流互鉴的动力”。这些论述强调在马克思主义指导下兼综中西文化之优长而实现其“创造性转化、创新性发展”，这是中华民族自强不息的创造精神和厚德载物的包容精神在新时代的典型表现。只有“必须坚持马克思主义在意识形态领域的指导地位，牢牢把握社会主义先进文化的前进方向，弘扬民族优秀文化传统，借鉴人类有益文明成果”，才能够充分利用一切文化资源的合理因素，全面提升民族素养，促进当代中国文化百家争鸣、百花齐放的繁荣发展，塑造中国特色社会主义文化的新形象。

六、“文明以止”的生态智慧

社会主义市场经济不仅是社会多种利益的协调进步，而且是人与自然关系和谐发展的绿色经济。中国优秀传统文化对天人关系有着丰富而精湛的论述，这对于当代生态文明建设具有重要的启示作用。

人类农业文明的典型代表是中国古代文明，而工业文明的典型代表则是近现代欧美文明。西方近现代文明秉承“知识就是力量”“人为自然界立法”的口号，充分发挥科学理性的力量。在认识自然、控制自然、改造自然上取得空前巨大的成果，这也就是马克思、恩格斯在《共产党宣言》中所指出的:“资产阶级在它的不到一百年的阶级统治中所创造的生产力，比过去一切世代创造的全部生产力还要多、还要大。”但是，以人类中心主义为基本特征的西方近代文明也导致了人与自然关系的空前异化，它仅仅把自然界当作满足人类贪婪的手段，直接后果就是土地荒漠化、生物多样性减少、大面积的地下漏斗区、大气污染、臭氧层破坏、病毒肆虐等问题层出不穷，越演越烈的全面的生态危机威胁着全人类的生存和发展。与之形成鲜明对照的是，中国优秀传统文化的生态智慧强调人与自然的整体性与和谐性。人们往往只看到西方近现代哲学中有所谓内在价值（intrinsicvalue）、功用价值（instrumentalvalue）之区分，其实，中国传统哲学特别是儒家人文主义和道家自然主义也有着源远流长的价值哲学。孟子的“良贵”(《孟子·告子》)思想肯定了人本身的固有价值，而“夫物之不齐，物之情也”(《孟子·滕文公》)则承认物与物之间有本然的价值区别，这种价值是客观存在的，不是人为添加或赋予自然物的。道家更明确地肯定了自然本身的内在价值，如庄子云“天地有大美而不言，四时有明法而不议，万物有成理而不说”，要求“原天地之美，而达万物之理”(《庄子·知北游》)。其《马蹄》云:“马，蹄可以践霜雪，毛可以御风寒，龁草饮水，翘足而陆，此马之真性也。”所谓“大美”“真性”，都肯定了自然本身就具有优越特性，这种价值并不是为了人或其他外在目的而存在。

把人（主体）与自然物（客体）二重化的文明模式，把自然界看作人类征服、控制和利用的对象；作为满足人类利益的方式，自然物似乎仅仅具有为人类所用的外在价值或功用价值。而从中国传统哲学来说，则是肯定事物同时具有内在价值（自身的优异的特性）和外在价值（功能）。值得注意的是，现代西方生态伦理学家罗尔斯顿（Holmes ralston）提出“内在的自然价值”概念，认为“我们对荒野自然的需要，是在于我们欣赏它的内在价值，而非它的工具价值”，要求“将内在价值与外在价值统一起来”。结合中西哲学的有关思想，我们可以说:事物的内在价值与外在价值不可以相离，内在价值是外在价值的根据，外在价值是内在价值的表现。凡是具有外在价值的事物，必有某种内在价值为依据；也只有具有内在价值的事物，才有其外在价值或功用价值。

进一步地，非人世界的自然价值是自发的，而属人世界的价值则是以自然价值为基础的自觉创造。《庄子·秋水》云："何谓天？何谓人？""牛马四足，是谓天；络马首，穿牛鼻，是谓人。"自然而然的是"天"，对自然加以改造的是"人"。人类文明的进步必然以利用自然物为基本途径。但是，我们在享受文明成果的同时，是否应该反思这种方式有多大的合理性呢？我们应该在尊重、发展事物内在价值的前提下来开发、利用其外在价值。在人与自然的关系问题上，我们应该用一种发展的眼光和开放的胸怀，要超越那种以狭隘的个人利益和少数人利益为实质的人类中心主义，自觉追求天人之间的广大和谐。

《易传·贲卦·彖传》提出"刚柔交错，天文也；文明以止，人文也。"这就是"认为'文明'不是无限度的开发、利用和对外扩张，而是要有所节制，'止'其所当止，内修文德以化成天下"。"文明以止"理念认为"人文"必须顺应"天文"（"天行"）的规律，而"天文"（"天行"）又以"人文"化成为旨归。这种文明理念反对粗暴地干涉自然、无限制地文明扩张、片面追求物质生活的富足，而应追求人与自然和谐共处、永续发展的可久可大之道，其集中体现就是"天人合一"的生态理念与生产、生活实践。

中国传统天人关系有着复杂内涵，其中最基本的一个含义就是指自然与人（人类）的关系。"天人合一"思想源于春秋时期，其后道家提出"因任自然""万物为一"的思想，如老子认为"人法地，地法天，天法道，道法自然"（《老子》二十五章），既肯定人与"天""地"的整体性，又主张人应该遵循自然本身的规律而活动。庄子提出"天地与我并生，而万物与我为一"（《庄子·齐物论》）。道家主张"不毁万物"，即减少人的欲望，保持自己的精力，不要为了满足人的贪欲而过分毁伤自然，这是对文明社会的一个重要警告。儒家提出"仁民爱物""民胞物与""仁者与天地万物为一体"等思想。孟子主张"亲亲而仁民，仁民而爱物"（《孟子·尽心》），仁爱之心应该遍及万物。《易传》提出"与天地合其德""先天而天弗违，后天而奉天时"（《文言传》）、"范围天地之化而不过，曲成万物而不遗"（《系辞传》）等天人调谐理念，这与《中庸》"赞天地之化育……与天地参"等思想一起奠定了中国两千多年文明发展的基调。北宋张载主张"大其心"："大其心则能体天下之物。物有未体，则心为有外。"（《正蒙·大心篇》）要求破除"我"之私心，走出主客对立的思维方式，觉悟到人与自然万物的和谐一体。他提出："乾称父，坤称母。予兹藐焉，乃浑然中处。故天地之塞吾其体；天地之帅吾其性。民吾同胞，物吾与也。"（《西铭》）人生存于天地之间，人和万物都由充塞于天地之间的气所构成，气的流行变化的本性是人和万物的共同本性，我与自然万物是一种朋友般的同类关系，应"尽体天下之物"，与之和谐相处。程颖认为整个宇宙就是以"生"或创造为根本规律的大流，人只有觉悟到与万物之一体，才能够被称为"仁"，而且这种觉悟还必须践履于日常生活中。他提出："万物之生意最可观，此元者善之长也，斯所谓仁也。人与天地一物也，而人特自小之，何耶？"《识仁篇》同张载一样，程颢也强调人类必须破除物我之对待，超出把自然界对象化的认知水平而觉悟到人与万物为一体的真实关系，“仁者以天地万物为一体，莫非己也”。如果达不到这种境界，把自己的心灵封闭在“小我”的狭隘界限里，不知众民万物本来就是与我为一体，那么人心就好比“手足痿痹”一样是残缺不全的。明代王阳明更明确地提出：“见鸟兽之哀鸣觳觫必有不忍之心焉，是其仁之与鸟兽而为一体也；鸟兽犹有知觉者也，见草木之摧折而必有怜悯之心，是其仁之与草木而为一体也；草木犹有生意者也，见瓦石之毁坏而必有顾惜之心焉，是其仁之与瓦石而为一体也。”（《大学问》）他认为这种对鸟兽、草木、瓦石的“一体意识”是人性的自然表露，是人类一种崇高的道德情感，这是儒家的博爱之心和对天地万物的责任意识的鲜明体现。

中国传统儒家、道家都表明了对自然界的深刻而强烈的伦理关怀，主张人对大自然有一种本然的依赖感与亲和感，这对于反思现代社会中人与自然的疏远、确认人与自然的和谐一致，对于保护自然生态环境，乃至于建立中国特色的生态伦理学，都有着重要意义。任何文明的产生和持续发展，都必须以保持生态基本平衡为其前提条件。在世界各国共同面临严峻生态危机的时代，近代以来以“力之崇拜”为特征、片面高扬主体性、主张“征服自然”的西方文化及其价值取向，已经到了必须深刻反思和根本转向的历史关头。社会主义市场经济的发展必须全面总结人类农业文明和工业文明的成果和缺陷，既要继续发扬西方近代以来的科学理性，又要吸取把理性片面化的深刻教训；既要继承中国古代生态智慧的精华，又要赋予它现代化的思维模式和理论内涵。习近平总书记指出：“走向生态文明新时代，建设美丽中国，是实现中华民族伟大复兴的中国梦的重要内容。”我们必须高扬尊重自然、顺应自然、保护自然的先进理念，加强循环经济、绿色经济发展，建构人与自然的协调发展的新型生态文明，这是人类发展的必由之路。

七、“协和万邦”的外交思想

在国际关系问题上，中国优秀传统文化的基本态度是“协和万邦”（《尚书·亮典》）或“万国咸宁”（《易传·乾·彖传》）、“天下和平”（《易传·咸·彖传》），倡导国与国之间和平共处的世界和谐，既坚决反对外族侵略而捍卫民族主权和领土完整，又反对以武力威胁、侵略他国。孔子以其仁学为理论基础来处理国际关系，他一方面赞颂“管仲相桓公，霸诸侯，一匡天下，民到于今受其赐。微管仲，吾其被发左衽矣！”(《论语·宪问》)，肯定管仲驱除外族侵略、保卫中华文化的伟大功绩；另一方面又主张“己所不欲，勿施于人”（《论语·颜渊》）的处理人际关系的基本准则，主张交往主体之间要相敬互让，不把己之所恶强加于人，因而他又提出“远人不服，则修文德以来之。既来之，则安之”（《论语·季氏》），即主张以文德教化感化外邦，而不是轻率地诉诸武力。

这种“修己以敬”“修己以安人”“修己以安百姓”(《论语·宪问》)的“内圣外王”之道，既孕育了中华民族的爱国主义热情，还是中华民族长期以来处理国际关系的基本原则。孟子反对“以力服人”的“霸道”而倡导“以德服人”(《孟子·公孙丑上》)的“王道”。《易传》继承孔子的思想，强调“自强不息”与“厚德载物”之统一，这在国际关系中表现为既坚持民族独立、抵抗外来侵略，又宽容博大、不去侵犯他国，努力促进国际关系的和平。

中国传统文化有“天下和平”“万国咸宁”的优秀基因，而没有称霸世界、武力侵略的思想基础。在军事问题上，中国传统文化的根本态度是把武力作为维护和平的重要方式，不仅在用兵问题上极为慎重，“兵者，国之大事，死生之地，存亡之道，不可不察也”(《孙子兵法·始计》)、“以道佐人主者，不以兵强天下”(《老子》三十章)、“兵者……不得已而用之”(《老子》三十一章)，而且强调军事行动必须以维护正义为前提，反对“杀无罪之民以兴无道与不义者”而主张“取惟义兵为可”(《吕氏春秋·禁塞》)、“以天下之所顺，攻亲戚之所畔”(《孟子·公孙丑下》)。这种优秀文化是中国“和平共处五项原则”“永不称霸”“求同存异”等外交方针的重要思想来源。西方所谓“中国威胁论”既不符合中国文化的优秀基因，亦完全违背中国共产党和中国政府促进世界和平的客观现实。2005年4月，胡锦涛同志提出建设“和谐世界”的新理念，2011年的《中国的和平发展》白皮书提出：“中国倡导互信、互利、平等、协作的新安全观，寻求实现综合安全、共同安全、合作安全。”习近平总书记多次提出打造世界各国人民多元共生、包容共进的“命运共同体”，倡导“亲诚惠容”的周边外交理念，他指出：“中国历史上曾经长期是世界上最强大的国家之一，但没有留下殖民和侵略他国的记录。我们坚持走和平发展道路，是对几千年来中华民族热爱和平的文化传统的继承和弘扬。”和平发展、同舟共济、和衷共济、合作共赢的新型安全形象与美国为首的西方霸权主义和强权政治形成鲜明对照，深刻体现着中国优秀传统文化的现实光辉。

八、“以和为贵”的价值准则

中华民族是一个多元统一体，中国传统文化亦具有“和实生物”“和而不同”“以和为贵”的基本精神。西周末的史伯首先提出“和同之辨”，认为“和实生物，同则不继。以他平他谓之和，故能丰长而物归之；若以同裨同，尽乃弃矣”(《普通话·郑语》)，“以他平他”即会聚不同事物而得其均衡以创造出新事物。春秋时晏婴曾论“和”“同”之异，认为：“和如羹焉，水、火、醯、醢、盐、梅，以烹鱼肉，惮之以薪，宰夫和之，齐之以味，济其不及，以泄其过。……若以水济水，谁能食之？若琴瑟之专一，谁能听之？同之不可也如是。”(《左传·昭公二十年》)

春秋初期的“和圣”柳下惠既坚持“直道而事人”(《论语·微子》)，又能够做到“不羞污君，不卑小官；进不隐贤，必以其道；遗佚而不怨，厄穷而不悯”（《孟子·万章下》），体现了人格尊严与社会责任的统一。儒家继承且发展了“和同之辨”，孔子云：“君子和而不同，小人同而不和。”（《论语·子路》）孔子的弟子有若说：“礼之用，和为贵。”（《论语·学而》）随后，孟子提出“天时不如地利，地利不如人和。”（《孟子·公孙丑下》）所谓“人和”，就是人与人之间的团结、合作，这是战争胜利的决定因素。《易传》云：“上火下泽睽，君子以同而异”“地势坤，君子以厚德载物”。“和而不同”“和为贵”“厚德载物”等论断成为中国古代价值观的重要内涵，奠定了中国文化发展的底色。总体来看，中国传统文化中所谓“和”与“同”相对，其基本内涵是“包含着差异、矛盾、互为‘他’物的对立面在内的事物多样性的统一”。在这种文化精神的影响下，中国从来没有西方历史上那样的宗教战争，而是表现了对各种宗教的包容态度，“中国人的宽容超过了欧洲人根据他们本国的生活经验所能想象的极限。

这种“和而不同”“厚德载物”的多元一体智慧，是中华民族伟大凝聚力的思想基础，也是今天构建中国特色社会主义和谐社会的宝贵思想资源。这些观念表征着中国古代人民高度的文化自觉，这就是既要保持社会统一有序、维护群体发展，又要尊重个人的独立人格、兼容多种利益诉求，正确理解和处理个人与个人之间、个人与群体（社会、国家）之间的关系。这种核心价值观肯定客观事物的差异性与多样性，实际上是在承认矛盾、解决矛盾的历史进程中达到更高水平的统一。今天，我们继续推进建设中国特色社会主义和谐社会，既要“必须坚持马克思主义在意识形态领域的指导地位，牢牢把握社会主义先进文化的前进方向”，又要“尊重差异，包容多样，最大限度地形成社会思想共识”，正视和化解发展中的各种利益差异和冲突，最大限度地促进和谐，建设和发展和谐有序、公平正义的和谐社会。

中国优秀传统文化博大精深，其思想贡献远远不止上述几个方面。由生产力与生产关系、社会存在与社会意识的辩证关系等人类社会发展的基本规律和文化自身的客观规律所决定，中国传统文化的转型道路或发展模式只能是一条以马克思主义为指导的文化综合创新之路。这种文化综合要特别注重以下几点：中国文化有源远流长的辩证思维传统，把宇宙看作生生不息、无穷无尽的变易历程，而“生”中寓“理”，“变”中有“常”，最根本的常则就是“生生”（创造）与对立统一。中国传统文化中的整体观点与过程观点、“生生之谓易”“一阴一阳之谓道”“一物两体”“物极必反”“相反相成”等正确思想值得我们继承和发扬。因此，中国哲学呈现出唯物主义与辩证思维的密切结合，这是中国传统文化不同于西方文化的一大特色。由于肯定了对立统一的普遍原理，中国传统文化在价值观上强调“和而不同”，以和谐（多样性的统一）为最高价值标准。这种重视人与自然的协调与平衡的“先天而天弗违，后天而奉天时”（《易传·文言传》）、“财成天地之道，辅助万物之宜”（《易传·泰卦·相传》）思想有利于保护生态平衡。“仁”的内涵是“己欲立而立人，己欲达而达人”，亦即“忠恕”的“一贯之道”，忠是尽己之心力以助人，恕是不以己之所恶施于人。忠是积极的，恕是消极的。“合忠与恕，便是仁”。因此，“仁”是“一方自强不息，一方助人有成，是人己兼顾的”。实际上包含着“自强不息”和“厚德载物”的双重意蕴。我们可以说，“自强不息”与“厚德载物”是相统一的，“仁”是“指导中华民族延续发展、不断前进的精粹思想”，是中华民族的民族精神。正是在这种奋斗精神与兼容精神相统一的民族精神的指引下，中国历代优秀的知识分子表现出了诚挚热烈的爱国主义、坚持不懈追求真理的精神和刚强不屈的斗争精神等优良品格，中国文化表现出了兼容并包的基本精神。中国自古以“大道之行也，天下为公……是为大同”（《礼记·礼运》）为最高理想，这是马克思主义得以在中国顺利传播的重要思想背景。

第二章 中华优秀传统文化与中国梦的双向互动

习近平总书记指出，解决当今中国和世界的诸多难题既要运用人类今天发现和发展的力量和智慧，也要运用人类历史上积累的力量和智慧。在几千年的社会生活实践中，中华民族创造了悠久博大的优秀传统文化，积淀了处理人与自然、人与社会、人与自身关系的深刻智慧。中华优秀传统文化既具有一定的历史性、地域性，同时也凝练着人类生存、发展的普遍追寻。中华优秀传统文化在当代的创造性转化与创新性发展，与实现中华民族伟大复兴的中国梦紧密相连。

第一节 中国梦的提出与内涵

中国梦，是中国共产党自第十八次全国代表大会以来，习近平总书记所提出的重要指导思想和执政理念。2012 年 11 月 29 日，中共中央总书记习近平在参观国家博物馆“复兴之路”展览时第一次阐释了“中国梦”的新概念。他指出：“现在，大家都在讨论中国梦，我以为，实现中华民族伟大复兴，就是中华民族近代以来最伟大的梦想。”中国梦的实质就是实现中华民族伟大复兴，其基本内涵是实现国家富强、民族振兴和人民幸福。按时间节点来说，到中国共产党成立 100 年时，要实现全面建成小康社会的伟大目标；到中华人民共和国成立 100 年时，要实现建成富强、民主、文明、和谐的社会主义现代化国家的伟大目标，从而实现中华民族伟大复兴的梦想。

中国梦归根到底是人民的梦。习近平总书记指出：“人民对美好生活的向往，就是我们的奋斗目标。”“老百姓对美好生活的追求，就是我们的努力方向。”“中国梦”是中国人民对自己民族发展前景的美好向往和追求，中华民族的伟大复兴与每个人息息相关，“中国梦是国家的、民族的，也是每一个中国人的。实现中国梦不仅意味着综合国力的进一步提升，而且要切实提升人民的幸福指数，促进每个人的全面发展。中国梦的出发点与归宿，都是人民，中国共产党要始终实现好、维护好、发展好最广大人民的根本利益，不断解决人民群众最关心、最直接、最现实的利益问题，体现以人为本、执政为民的立党宗旨。广大人民群众是历史的创造者和主人，要自觉把追求人生理想、家庭幸福的个人梦与实现中华民族伟大复兴的中国梦紧密结合起来，充分发挥主人翁的积极主动性和创造精神。

实现中国梦必须走中国道路。习近平总书记指出："事实雄辩地证明，要发展中国，稳定中国，要全面建成小康社会，加快推进社会主义现代化，要实现中华民族伟大复兴，必须坚定不移坚持和发展中国特色社会主义。"道路问题关系党和人民的事业之兴衰成败。自西周以来，中华民族就走了一条不同于希腊罗马奴隶社会的"土地氏族国有的生产手段与集体氏族奴隶的劳动力二者间之结合关系"的"创新"路径。在漫长的封建社会中，则是占主导地位的封建土地国有制与小土地私有制相结合的发展模式；近代以来，中华民族在反抗帝国主义、封建主义和官僚资本主义的长期斗争中，经过反复试验和巨大牺牲，才取得新民主主义革命的伟大胜利，并顺利走上社会主义道路，为民族独立、主权完整和人民幸福奠定了坚实基础；改革开放以来，我们逐渐摸索和开创了中国特色社会主义，坚持经济建设、政治建设、文化建设、社会建设、生态文明建设五位一体的全面发展。中华民族五千多年文明史证明，只有社会主义才能救中国，只有改革开放才能发展中国，只有中国特色社会主义才能实现中华民族的伟大复兴。我们必须坚定中国特色社会主义的道路自信，"既不走封闭僵化的老路，也不走改旗易帜的邪路"，实现中国梦必须弘扬中国精神。中国精神是"以爱国主义为核心的民族精神，以改革创新为核心的时代精神"。中国人民自古以来就有"乐以天下，忧以天下"（《孟子·梁惠王下》）、"自任以天下之重"（《孟子·万章下》）、"先天下之忧而忧，后天下之乐而乐"（范仲淹《岳阳楼记》）、"保天下者，匹夫之贱与有责焉耳矣"（顾炎武《日知录》）、"苟利国家生死以，岂因祸福避趋之"（林则徐）等深厚爱国主义传统，近代以来在反抗外国疯狂侵略的长期斗争中更是表现了百折不挠、坚定不屈的英雄气概。当代中国仍然面临着艰巨的全面建设任务和尖锐复杂的国际斗争，我们更应发扬新时期的自强不息、厚德载物的爱国主义精神，并与解放思想、求真务实、勇于创新的改革创新精神紧密结合，不断坚定把个人理想融入中华民族伟大复兴事业的理想信念。

实现中国梦必须促进中华民族的大团结。"兄弟同心，其利断金"，中国梦反映了中国人民包括海外同胞、全世界华人的共同心声、共同愿景、共同意志，是凝聚全党和全国人民的最大共识，极大地激发了中国人民发展国家、振兴民族的热情。中国自古以来就有着"大一统"的政治理想，孔子向往"礼征乐伐自天子出"，汉代有"《春秋》所以大一统者，六合同风，九州共贯也"（《汉书·王吉传》），南宋诗人陆游云"死去元知万事空，但悲不见九州同"（《示儿》），孙中山倡导的"天下为公"更是影响深远。解放战争时期，毛泽东坚决主张打过长江去，解放全中国。1958 年 10 月，他在《中华人民共和国国防部告台湾同胞书》中明确宣布："世界上只有一个中国，没有两个中国。"目前大陆与台湾虽尚未完成统一，但同属一个中国，是血肉相连的不可分割的整体。两岸统一是大势所趋，实现祖国完全统一也是中华民族伟大复兴的题中之义。

实现中国梦必须推动全人类的共同发展。中华民族是爱好和平的民族，自古就有“协和万邦”(《尚书·尧典》)、“万国咸宁”(《易传·乾·彖传》)、“天下和平”(《易传·咸·彖传》)的悠久传统，主张“远人不服，则修文德以来之。既来之，则安之”(《论语·季氏》)，倡导“和而不同”(《论语·子路》)、“和为贵”(《论语·学而》)的价值原则。中华人民共和国成立后，向世界庄严承诺永不称霸，永不搞扩张，永远走和平发展道路，永远做维护世界和平的坚定力量。中华民族的伟大复兴离不开世界的和平与发展，世界的和平与发展离不开中华民族的伟大复兴，“我们希望，国与国之间、不同文明之间能够平等交流、相互借鉴、共同进步，各国人民都能够共享世界经济科技发展的成果，各国人民的意愿都能够得到尊重，各国能够齐心协力推动建设持久和平、共同繁荣的和谐世界”。习近平总书记提出“人类命运共同体”新概念，主张维护人类文明多样性，强调中国梦是和平、发展、合作、共赢的梦，与世界各国人民的美好梦想相通。

实现中华民族伟大复兴的中国梦具有极为丰厚的内涵，这些内涵都与中华优秀传统文化丝丝相连、息息相关。

第二节　中国梦是中华优秀传统文化的发展道路与正确方向

当代中华优秀传统文化的发展道路和正确方向是什么呢？回答这个问题必须以唯物史观和唯物辩证法为指导。马克思指出：“人们在自己生活的社会生产中发生一定的、必然的，不以他们的意志为转移的关系，即同他们的物质生产力的一定发展阶段相适合的生产关系。这些生产关系的总和构成社会的经济结构，即有法律的和政治的上层建筑竖立其上并有一定的社会意识形态与之相适应的现实基础。”中国传统文化的发展前途必须从其所适应和反映的近现代中国的政治和社会经济基础来理解。

一、近现代中国传统文化的综合创新之路

经过先秦诸子、汉代经学、魏晋玄学、隋唐佛学、宋明理学的发展演变，中国传统文化在近现代开始艰难转型新生。鸦片战争后，中国被迫卷入西方资本主义国家主导的世界经济和政治体系，在半殖民地、半封建社会基础上逐渐形成地主阶级、买办阶级、民族资产阶级、小资产阶级、无产阶级等政治力量相互竞争的基本格局，这是近现代以来中国社会思潮演变的最根本动因。日渐深重的阶级矛盾和民族危机，不断促使一些如“睁眼看世界”“师敌（夷）之长技以制敌（夷）”（林则徐、魏源等）、“彼

之所长，我皆有之”（曾国藩）、“舍己从人，取于人以为善”（谭嗣同）等的新思想逐渐产生，逐渐突破封建经学思维模式而走向“中学”与“西学”之间的对话会通。辛亥革命推翻了两千多年的封建帝制，两千多年来居于意识形态主导地位的儒学彻底失去了制度保障，失去了凝聚社会、维系人心的作用，而辛亥革命的不彻底和尊孔复古逆流，又刺激着对中国传统文化的自觉检讨。1915 年兴起的新文化运动，凸显着民族文化主体意识的觉醒和对资本主义现代性的自觉追寻，凸显了西方近现代资本主义文化与中国传统文化的交流。但是，实践证明，洋务运动、维新运动、辛亥革命等新思潮都未能指导中国人民完成反帝反封建、实现中华民族复兴的历史任务，中国梦仍然遥遥无期。

在十月革命和五四运动鼓舞下，19 世纪末期传入中国的马克思主义思潮加快传播，迅速成为中国人民改变自己命运的新思想武器。如毛泽东所指出的：“因俄式系诸路皆走不通了新发明的一条路，只此方法较之别的改造方法所含可能的性质为多。”以李大钊、陈独秀、毛泽东、瞿秋白等为代表的一大批先进知识分子自觉接受马克思主义，以马克思主义为指导重新审视中国传统文化和西方文化，开启了创建中国社会主义新文化的艰辛探索。因此，“五四”以后中国思想界最显著的变化，就是近代以来的“中”与“西”、“古”与“今”的二元对立演变为中、西、马三种文化相互斗争而又错综交融的复杂态势。在当时历史条件下，中、西、马分别代表着性质迥异的封建主义文化、资本主义文化和社会主义文化，它们在世界观、历史观、价值观、思维方式等核心内容上有着种种差异乃至根本对立，社会主义文化体现着中国文化发展的光辉前途。同时也要看到，中国的社会主义新文化又必须吸收和改造“两千多年来人类思想和文化发展中一切有价值的东西”，体现“人类在资本主义社会、地主社会和官僚社会压迫下创造出来的全部知识合乎规律的发展”。基于人类实践活动的中、西、马三种文化体系的多样性成分或要素之间亦有相近相通、相益互补的复杂关系，有着综合融通的可能；而且，这些成分或要素并非铁板一块，其间“并非都有不可解的必然联系”，现实文化主体完全可以根据人类社会发展的一般规律和中国具体国情而对其加以剥离、析取和转化、融通，超越既有文化成就而创造新的中国特色社会主义文化。正确处理中、西、马三种文化资源的地位和相互关系，实际上已经成为 20 世纪中国文化发展的时代主题，各种文化主张对这个核心问题做出了不同回答，其中，倡导中、西、马“三流合一”的马克思主义综合创新文化思潮代表着时代精神的精华，其“心态最健康，最有前瞻性，可以说是带有总结性的一种看法”，正确地指明了解决中国传统文化的现代转型的方向。

因此，五四运动以后，中国传统文化已经与马克思主义、西方文化处于对立互动的复杂态势之中。从五四运动到第一次国共合作时期，国内文化思潮随着“东西文化论战”“科学与人生观论战”的开展而逐渐分化为以胡适、陈序经等为代表的自由主义西化派，以梅光迪、吴宓等为代表的学衡派和以梁漱溟等为代表的东方文化派，他们不约而同地反对或忽略马克思主义在中国的客观存在。国共两党第一次合作的彻底失败，极大地加深了中国思想文化界的分裂。马克思主义者艾思奇指出“种种输入的资本主义型之哲学”等“堕落的世纪末的哲学”，与唯物史观特别是“1927年后掩蔽了全思想界的唯物辩证法思潮”是“两条平行的而又互相争斗着的主流”。这种观点当时把中国传统文化视为堕落的封建文化而加以鄙弃，实际上并不利于对中国传统文化的辩证分析。国民党的重要代表陈立夫1934年提出“从根救起与迎头赶上”的中西文化“调剂”之道，随后王新命等教授宣扬“中国本位文化建设”，重弹“中体西用”的老调。当时就有人指出:“中国本位文化”论与“全盘西化”论从“表面来看似是两种极端冲突、矛盾、对抗的主张”，但在对待新兴的社会主义文化上则有着“一个共同的目的”，“他们之间的不同消失了，从此，敌人变成了朋友”。此后，学界日益显著地分化为自由主义的全盘西化派、保守主义的现代新儒家派和马克思主义文化综合创新派，其中的关键分歧是中国社会与中国传统文化的发展前途，而核心又是马克思主义与儒学的关系问题。也就是说，中国传统文化是走一条带有中国特色的新民主主义、社会主义道路，还是走欧美式的资本主义道路或者带有某些儒家色彩的资本主义道路。

全盘西化论者陈序经认为，“文化是完全的整个，没能分解的”。他由批评机械的经济决定论而否定经济基础对文化的决定作用，认为文化变迁的动力来自外来高级文化的渗透，低水平文化遭遇高水平文化的结果就是通过新的“层累”“陈迹”而从整体上过渡为高级文化。因此，他明确反对复返中西化派，认识到中国传统封建文化与西方资本主义文化的时代性差距，主张以现代性彻底改造中国文化；但它否认文化系统的可分性、中国文化的民族主体性和中国优秀传统文化的传承性，更看不到马克思主义所代表的先进文化的前进方向。

文化保守主义者的主要代表——现代新儒家，坚持以儒家之“常道”作为中国新文化的指导原则和承担主体，如梁漱溟提出“中国文化的复兴”之路就是走“孔子的路”，冯友兰主张“在道德方面是继往，在知识、技术、工业方面是开来”，张君劢认为“应以儒学为本，而沟通东西思想”。其中尤以贺麟“以儒家思想或民族精神为主体去儒化或华化西洋文化”的提法最为典型。这些文化保守主义者力图融合中西，挺立中国文化的民族主体性，但他们无视马克思主义的世界性意义而将其简单地化约为西方文化，甚至曲解马克思主义而否定其理论价值及其对中国社会的现实意义。如贺麟指斥“辩证唯物论哲学思想的贫乏”，认为“辩证唯物论的根本缺点是忽略个性，忽略人格，将人与人的差别完全抹杀。只知以外界的环境来解释人类的生活”；钱穆认为马克思“强调对物斗争的文化论，违逆了遏塞了人类文化向上递升的通律与正道”。上述两派都表现了偏狭的文化心态和鲜明的唯心史观，未能反映中、西、马三种文化资源之对话融通、超越创新的时代要求，也就不能正确解决中国传统文化的现代转型问题。

与此两派形成鲜明对照的是早期马克思主义者李大钊、陈独秀等，他们虽未提出较系统的文化学说，但李大钊主张“综合异派文明兼容并收”而创造“第三新文明”，实现“个性解放”和“大同团结”相统一。陈独秀主张“兼收并蓄”“综合前代贤哲、当代贤哲和我们自己所想的”而“创造文明”气。张申府则率先运用“相反而相成，矛盾之谐和”的唯物辩证法研究中国文化问题，提出了更全面的理论方案。反对“保守东方旧化说”“移植西洋旧化说”“机械地融合东西两化说”，用“一种革命的相对的反对态度”批评以“物质文明——精神文明”“新——旧”划分中西文化的简单思维，主张以“非人之意识定其生活，乃人之社会的生活定其意识”为指导，“成立一种可以产生所谓第三文化的新经济制度”，运用“活的、切实的”对勘法对“东、西所有旧有的东西，都加以重估、评衡及别择”，在融合、会通的基础上创造超越中、西旧文化的社会主义的“第三文化”。

中国社会发展的客观需要不断促进着中、西、马文化的碰撞、交流和融合，中国文化迫切要求在“全盘西化”与“中体西用”之外另辟新路。20 世纪三四十年代，毛泽东批评五四运动的缺点是蔽于“形式主义的方法”而缺乏“马克思主义的批判精神”，倡导批判地接受民族文化遗产和外国文化而创造“民族的科学的大众的”新民主主义文化。此外，一大批学者经过切身实践与认真研究后主动选择马克思主义，并用以解释当时的理论问题和现实问题，如鲁迅在 1927 年年底提出既要与“世界的时代思潮合流”，又要凸显“中国的民族性”，他后来还主张以唯物史观为指导而“博采众家，取其所长，留其精粹，融合新机”；侯外庐主张以新的时代精神批判继承文化遗产而“使过去历史的有价溪流都倾注汇合于伟大的社会主义文化之洪流巨潮里面”。

正是在这种马克思主义文化综合创新思潮的洪流中，张申府于 1932 年 10 月提出：“我的理想，我愿意，百提，伊里奇（我本曾译伊里赤），仲尼，三流合一。”其最先从中、西、马三“学”角度标举“三流合一”思想旗帜，明确表达了新的时代精神。虽然张申府当时没有做出进一步阐释，但在 20 世纪 30 年代的政治、文化背景下，这种会通马克思主义、中国传统文化和西方文化之优长的文化主张表现出了难能可贵的理论勇气和创新精神。抗日战争时期，时在重庆参加进步活动的张申府在 1941—1942 年更明确地提出：“我始终相信，孔子、列宁、罗素是可合而一之的。我也始终希望，合孔子、列宁、罗素而一之。”张申府为什么要以孔子、罗素、列宁作为中、西、马文化的代表呢？在他看来，孔子代表“仁、忠、恕、义、礼、智、信、敬、廉、耻、勇、温、让、俭、中”的最高的人生理想这一“中国古来最好的传统”；罗素代表“最进步的逻辑与科学”这一“西洋历来最好的传统”；列宁代表“集过去世界传统最优良成分大成的一般方法”即“唯物辩证法与辩证唯物论”，以及“从一个实落角落来实践最高的人生理想的社会科学”这一“世界新的方在开始的传统”。三者合一不仅能产生“新中国哲学”，而且可以创造“新世界学统”，这种新的思想体系“定是新世界中的新中国的新指标、新象征”。这里有几点值得注意：第一，对马克思主义哲学的创造性理解。张申府把辩证唯物论看成“方法态度”“元学”“知识论”“人生观（人生哲学）”所组成的有机系统，突破了20世纪上半叶一些马克思主义者对“新唯物”论的狭隘理解；把共产主义、人类文化发展的最高境界概括为“天人谐和”或“发展的自由”，以此作为社会革命的最高原则。第二，对待西方文化的平等眼光。张申府既要求全面、系统地理解西方文化，又反对以西方文化为“文明的极境”，批评“甘于为奴”的媚外作风和“拿西洋的成名陈范来扣”的教条主义。第三，对中国优秀传统文化的坚定自信。作为一个革命的启蒙思想家，张申府既肯定五四运动的革命意义，反对盲目尊孔；倡导超越“五四”的激烈反传统偏向而主张对孔子“取其精华，而弃其糟粕”，提出既要“打倒孔家店”，又要“救出孔夫子”。他强调中国文化的发展要“中国自己做主宰”，认为“中国人必须有其特异的地方。中国人绝不能以学习模仿为能事。中国人必须有相当的自信”。表现了对文化民族主体性的高度自觉。这种观点在抗战期间得到进一步强化，激励他着力发掘“中国哲学的特色精义”。

张申府“三流合一”的新文化设想，有几个方面尤为值得注意。

1. 体现辩证唯物论与中国哲学精华之会通

张申府对马克思主义与中国传统文化的关系问题有着明确自觉。他认为“辩证唯物本是中国真正传统的见解”，与“脚踏实地，实事求是，就事循理;对事事作面面观，而不拘于一方”的唯物辩证法之“根本精神”相契合。中国所谓“体”（切己体察）与“实践是知识的初基的马克思主义认识论相容;“相反相成”与唯物辩证法之精神“实而活”相通。我们认为，代表人类文化发展的先进方向的辩证唯物论不仅激活了中国传统哲学内蕴的“辩证唯物”思想之真精神，而且有助于弥补中国传统哲学短于社会实践之弊端。同时，马克思主义也需要中国传统哲学提供支援意识而在中国大地生根繁殖。马克思主义的辩证唯物论与中国传统哲学的唯物论与辩证思维相结合，奠定了中国传统文化现代转型的理论基础。

2. 体现中西哲学精华之相资互补

中西两大哲学传统之会通是中国现代文化的重要特色。张申府认为:“今日的问题，以及今后整个世界的问题，根本都在把中国古代道德哲学与西洋近代自然科学融合起来，而特别要从双方的方法精髓入手。”在思维方式上，要综合中国哲学之“一与通”与西方哲学之“多与析”，以臻于“于多见一，由析达通；一不忘多，析而以通为归宿的理想境界。他特别强调要以唯物辩证法和“逻辑，科学，尤其解析的方法，以及多元主义，大客观的态度”来克服中国思想的“笼统、混沌、漠忽、糊涂”，以“是是非非都还它个本来面目”的实事求是态度对治“中国人敷衍苟且、不耐烦、不讲理、急功贪小便宜”之弊病。

3. 体现人生理想之合一

张申府提出了儒学之“仁”与共产主义的关系这个重大课题。一方面，他始终坚持以共产主义作为人类最高理想，认为“个人主义”与“大同主义”（“共通主义”）之统一即群与己、自由与秩序之和谐。这种观点从中国传统哲学来说是“尽性”：“使个人都得到最大的发展，都竭尽性分之所能，都践履职分所应尔，都对人类社会做最大的贡献，有最多的收获，达到尽可能的最高的造诣成就。”另一方面，张申府又提出人生理想是追求“遂生，大生，美生”，以致“真积力久，则人天人。天人永一，天下归仁”，且“最高理想的社会定是仁的社会”气。那么，所谓“仁”与共产主义是什么关系？在他看来，仁学以孔子为代表，但“仁”并非儒家一家之私言。“仁”首先是“活灵灵地感到他人”“承认他人，容许他人，重视他人”，“承认己外有人”既是“人作人的起码点”，也是“人能组成社会的最起码点”。仁”之精旨是“人与人间的圆满相通”，体现着“欣欣然，栩栩然，活生生的景象”。在此意义上，“仁”与共产主义的最高原则相融。张申府对“仁学”的独特诠释，实际上是在现代新儒学之外开启了实现传统“仁学”现代转化的一条新路，其实质是共产主义理想的中国式表达，它虽包含对西方资产阶级民主、自由原则的积极扬弃，却非所谓的“儒家资本主义”。更重要的是，张申府强调实现最高理想之“更根本切实的办法还在改变社会制度”、革命与教育、“变制度”与“改人性”要并行，这与“儒家资本主义”的路径设计有着根本不同。

张申府主张如实、理性地看待中、西、马文化资源之“分”“所”“当”，力图从世界观、方法论、认识论、价值观、人生观和政治观等维度融通其优长，为马克思主义中国化和中国优秀传统文化的现代化做出了贡献。他率先标举的“三流合一”新文化观实际上代表了中国马克思主义综合创新文化学派对当时从不同立场会通中西、融汇古今的多种文化流派的批判总结，它深刻契合我们党的“尊重历史”“批判继承”“古为今用”“洋为中用”等文化方针，指明了20世纪中国优秀传统文化发展的现实道路。

张申府的三弟张岱年最早自觉接受和高度认同“三流合一”的观点，成为其知音和同调；而且他洞察到“三流合一”的诸多不足，进而将其推进到更高水平。张岱年具备会通中、西、马的知识结构与致思理路，其早期思想的基本倾向、核心观点与张申府高度契合。二人都主张唯物辩证法与逻辑解析、“体”（体验）与“通”（会通）相结合的方法论，都阐扬“相反而一体”矛盾的谐和或“对立与统一”相反与谐和等中国特色的辩证唯物论，都以“天人谐和”为最高理想或“人类生活之最高境界”，都认为中西文化的差异“其实只是程度的问题。二者其实并不相违背”“所异只在偏重”，等等。不仅如此，张岱年对“三流合”思想更有其创造性的“发挥扩充”。

张岱年从1924年前后开始接触马克思主义，从目前发现的手稿《史学绪论》（1927年前后）中，可以看到他十五六岁时最早接触的马克思主义思想是李大钊的唯物史观。从内在逻辑和理论内容来看，张岱年文化哲学可以分为20世纪30年代萌蘖初生时期的“创造的综合”论或“文化（的）创造主义”，20 世纪 40 年代的的“均衡创造”论和 20 世纪八九十年代的成熟定型时期的“文化综合创新论”。张岱年对中国传统哲学和西方近现代哲学的研究体现了阶级分析与理论分析的高度统一，并在 20 世纪 40 年代建构了以多样性、创造性、统一性（主导性）、动态均衡性为内涵的“兼和”哲学，为“三流合一”文化观奠定了理论基础。他提出要以唯物辩证法为指导，会通中国旧文化中“良好的健康的部分”与西方文化中“有永久价值的永远不磨的东西”，创造“带着中国特色”的社会主义新文化。此后，他进一步提出“唯物、理想、解析，综合于一”，亦即“以唯物论为基础而吸收理想与解析的新哲学蓝图。张岱年不仅首先把“三流合一”与“综合创造（新）”相结合、阐明文化的世界性与民族性、连续性与变革性、整体性与可析取性等基本矛盾，坚信中国文化的社会主义发展前途，而且克服了张申府“百提，伊里奇，仲尼”的表述中未能明确马克思主义的指导地位和中国文化的主体地位的理论弱点。在其所著《中国哲学大纲》和“天人五论”中，初步显示出“三流合一、综合创新”思想对学术研究的指导意义。

总之，正如毛泽东所指出的：“自从中国人学会了马克思列宁主义以后，中国人在精神上就由被动转入主动。从这时起，近代世界历史上那种看不起中国人，看不起中国文化的时代应当完结了。伟大的中国人民解放战争和人民大革命，正在复兴着伟大的中国人民的文化。”正是马克思主义的传入、传播、运用和发展，才真正激活了中华传统文化的优秀基因，使儒家仁学思想、道家自然主义及传统唯物论、辩证思维、大同理想、天人合一、自强不息、厚德载物等思想焕发了新的生机和活力。中国优秀传统文化与马克思主义相结合，既是马克思主义中国化的必由之路，也是中国优秀传统文化的创造性转化和创新性发展的正道。

二、当代中国传统文化的综合创新之路

中华人民共和国成立后，社会主义的道路探索经历了种种曲折，反右扩大化和“文化大革命”所造成的对马克思主义的教条化，对西方文化的封闭化和对中国传统文化的虚无化完全背离了“三流合一、综合创新”的发展道路。

1978 年的改革开放重新开启了中西哲学、文化的大规模交流，使国人惊异于中西双方在经济水平、科技教育、社会管理、思想文化等方面的巨大差异。这不能不激发出对苏联的社会主义模式和中华人民共和国成立以来文化建设曲折道路的深刻反思，这一方面激励着优秀中华儿女更加自觉地独立探索中国特色社会主义发展道路以振兴中华，实现“四化”；另一方面则再次诱发了一些人的民族自卑心理，导致新一轮“全盘西化”论喧嚣尘上。同时，第一代现代新儒家的著作亦陆续再版，港台现代新儒学著作逐渐输入大陆，其鼓吹的“儒家资本主义”或“东方式工业文明”产生了一定影

响，这导致国内学界再次呈现出类似于20世纪三四十年代的三大思潮对立互动的基本格局。1985年前后，国内“文化热”达到高潮，实践的发展使“中国向何处去”“中国文化向何处去”再次成为新时代的紧迫课题。在这种时代背景下，张岱年1979年提出“区别精华与糟粕，这应该就是批判继承的主要方法，也是批判继承的基本原则”，古代文化中的精华就是“一切科学性和民主性、革命性的思想观念”。从1982年开始，张岱年连续发表《论中国文化的基本精神》《谈孔子评价问题》《关于孔子哲学的批判继承》《述与作》《〈易传〉与中国文化的优良传统》《中国文化与中国哲学》《中国文化的思想基础与基本精神》《中国文化与辩证思维》《试谈文化的体用问题》等一系列专论，开始了其文化哲学的重新思考。1985年3月，张岱年第一次提出：创造具有中国特色的社会主义物质文明和精神文明。我们必须：（1）坚持并发扬马克思主义的普遍原则；（2）学习并赶上近代西方的科学技术；（3）考察、继承中国固有文化的优秀传统。这就继续了其早期“文化创造主义”的基本思路，是新时期“文化综合创新论”之先声。1986年6月20日张申府的逝世，使张岱年感到了一种前所未有的紧迫感，1987年6月12日，他在中华孔子研究所第二届年会暨学术讨论会上正式提出“文化综合创新论”：主张“在马克思列宁主义原则的指导下，以社会主义的价值观来综合中西文化之所长而创新中国文化”；指出文化发展的关键是价值观和思维方式的更新，而核心在于人自觉的提高；强调“文化的综合创新的核心是马克思主义与中国文化的优秀传统的结合”。他先后提出了解决马克思主义与中国传统文化关系的“并列”或“并重”“结合”“主导思想——支流思想”与体用关系四种模式，主张正确处理马克思主义的一元指导地位与兼容中外多元有价值思想的关系。他特别强调体用关系是探讨文化问题的中国方式，试图在科学总结中西体用之争的经验教训的基础上另辟新路。

以马克思主义为指导的中、西、马“三流合一、综合创新”文化观，始终坚持对马克思主义、中国传统文化和西方文化都保持一种“批评的精神与客观的态度”，摒弃“盲信”与“盲诽”，机械与独断；它坚持文化体系的整体性与可分性、连续性与变革性、民族性与世界性之统一，倡导“兼容多端而相互和谐是价值的最高准衡”，具有阶级性、时代性、民族性、先进性等基本特征；它始终坚持中国特色社会主义的发展方向，坚决主张以马克思主义为指导兼综中西文化之长，与“全盘西化”论和以现代新儒家为代表的文化保守主义在哲学基本立场和方法论等根本问题上进行了不妥协的思想斗争，从学理和实践上有力地促进了中国特色社会主义新文化的健康发展。“文化综合创新论”的提出，标志着“三流合一、综合创新”的文化观发展到了一个崭新阶段，为中国传统文化的顺利转型指明了方向。这就是只有以马克思主义为指导，坚持中国特色社会主义的发展道路，在与马克思主文和西方文化的多元互动中，才能准确把握中国传统文化的精华与糟粕，确定中国优秀传统文化在当代中国的地位和价值，找到中国优秀传统文化发挥积极作用的方式。

20世纪30年代以来，张岱年综合创新文化观的一个核心问题就是中、西、马三种文化资源的地位和相互关系这个问题在他的思想探索中并没有得到圆满解决，虽然已有把社会主义原则的指导地位、中华民族的主体地位和科学技术的服务地位三者统一起来的意图但仍局限于以“体用”二元模式来说明中、西、马的相互关系，而且“科学技术”也不能把西方文化的精华都涵括在内。但张岱年对主体性之“体”与主导性之“体”的区分为超越传统文化的体用论奠定了基础，而形式（二元）与内容（三元）的矛盾既表明他还没有来得及把三者的关系整合为一个更精练明晰的新命题，同时也预示着理论思维即将发生的重大飞跃。如何汲取“并列”（“并重”）、“结合”“主导思想——支流思想”与体用关系四种模式之优长而创造出一种新的理论，以恰当表述马克思主义的指导原则之“体”、中国文化的民族主体性之“体”与外来文化之“用”三者的关系，就成为“三流合一、综合创新”文化观进一步发展中亟待解决的根本问题。这个问题在方克立2006年正式提出的“马学为魂，中学为体，西学为用，三流合一，综合创新”论中获得了重大突破。

自从张岱年提出“文化综合创新论”以来，方克立就是其支持和阐扬者。他在1989年提出要有“对民族文化和外来文化均取其精华、弃其糟粕、批判继承、综合创新的态度”；1990年提出要给“从中国社会主义现代化建设的实践需要出发，坚持以马克思主义为指导，批判地吸取古今中外一切优秀的文化成果，进行综合创新的一派观点”以应有地位，指出“自由主义的‘全盘西化’派、保守主义的‘儒学复兴’派和马克思主义的‘古为今用、洋为中用、批判继承、综合创新’派（可简称为‘综合创新’派）”是“五四”以来业已形成的三个最主要的思想派别，第一次把“三流合一、综合创新”文化观作为中国马克思主义文化派的一面旗帜，为在中国现代三大思潮对立互动的框架中确定其阶级基础、理论实质、基本特征、学派传承等基本问题提供了可靠依据。同时，方克立明确指出马克思主义综合创新文化观的核心问题是要正确解决中、西、马三种文化资源在文化综合创新中的地位和关系，他科学总结了张申府和张岱年的相关思想，特别指出张岱年的典型表述中存在着实体与作用、原则与应用两种体用关系，主张在“学”的层面上区分主导性之“体”与主体性之“体”。他认为，马克思主义与中国文化的优秀传统、西方文化的合理因素之间的关系是“主导意识”与“支援意识”的关系，“主导意识——支援意识”模式与张岱年的“主导思想——支流思想”模式，共同为“马魂、中体、西用”论奠定了一元主导、兼容多元的基本理论框架。

“马学为魂”是“以马克思主义和社会主义的思想体系为指导原则”，“马学”是中国化的马克思主义，“魂”代表民族文化指导原则意义上的“体”，从中可以看到“马克思主义的活的灵魂”“形而上者谓之道”（《易传·系辞传》）与日本“和魂洋才”论等思想的影响。“马学为魂”明确肯定了马克思主义和社会主义思想体系在当代中国特色社会主义文化中的“一元主导”和“灵魂”地位。“中学为体”是“以有着数千年历史积淀的自强不息、变化日新、厚德载物、有容乃大的中华民族文化为生命主体、创造主体和接受主体”，所谓“中学”是指“中国文化生命整体”，所谓“体”是指以民族文化的主体性来代表的民族主体性，这就把张岱年的“中华民族主体论”转变为“中国文化主体论”，不但辨析了体用范畴的多重含义，而且在逻辑上保证了“马魂、中体、西用”论的统一性和完整性。“西学为用”是“以西方文化和其他民族文化中的一切积极成果、合理成分为学习、借鉴的对象”，它所体现的是当代中国文化的开放性。所谓“西学”泛指西方文化和其他民族文化中一切有益于中国文化健康发展的合理因素，对于中国化马克思主义的指导原则来说它是“应事之方术”或“道体器用”之“用”，对于“中国文化生命整体”来说它又是为我所用的“他山之石”或“器体道用”之“用”。笔者认为，“马魂、中体、西用”论把马克思主义的指导思想地位与中国文化的“创造主体、生命主体、接受主体”地位、西方文化的“他山之石”地位有机地统一起来，准确界定了三者的相互关系，体现了主导性（方向性）、主体性与开放性的高度统一，从根本上超越了近代以来的“体用”二元模式的局限性而创造出“魂、体、用”的三元思维模式。这恰当地解决了马克思主义的指导地位与中国文化的主体地位之间的辩证关系，在坚持马克思主义指导地位的前提下高扬了文化的民族主体性，对于当今各国处理一元主导、民族主体与兼容多元的复杂关系有着基础性的启示意义。

“马魂、中体、西用”论是马克思主义综合创新学派为了更准确地回答中国文化发展的现实道路问题所做出的理论创新，是对中国现当代文化的历史经验、发展道路、演变规律和未来形态的精辟概括和科学总结，在21世纪把“三流合一、综合创新”文化观推到一个新阶段，并与我们党的文化建设指导方针高度一致。我们党长期探索的中国文化发展道路，其实就是一条“马魂、中体、西用”的综合创新之路。方克立把综合创新文化观概括为“古为今用，洋为中用，批判继承，综合创新”四句话16个字，其中的“批判继承”“古为今用，洋为中用”三句话12个字在党的文献中都是有来历、有根据的。他明确地说:“我之所以把‘综合创新’与‘批判继承’‘古为今用，洋为中用’结合在一起，主要是想把这种文化观同我们党一贯倡导的文化方针联系起来，就中国近现代文化争论的主题，给予一个比较完整、明确的回答。”在具体论述综合创新文化观的发展过程时，其也指出:“张（岱年）先生30年代‘创造的综合’的文化主张，与胡绳、张申府先生等‘新启蒙运动’派的文化主张是很接近的，与毛泽东提出的‘民族的科学的大众的文化’方针是一致的。他在80年代提出的文化‘综合创新’论，与中国特色社会主义文化建设方针也是一致的。”作为综合创新文化哲学之第三阶段的“马魂、中体、西用”论，与党在全球化时代推动社会主义文化大发展大繁荣的方针也有着高度的契合性。2011年党的十七届六中全会通过的《中共中央关于深化文化体制改革推动社会主义文化大发展大繁荣若干重大问题的决定》（以下简称《决定》）发表后，方克立就敏锐地发现:"'马魂、中体、西用'论在《决定》中得到了非常有力的支持。《决定》明确说'社会主义核心价值体系是兴国之魂',马克思主义指导思想是社会主义核心价值体系的四项基本内容之一,而且是'第一要义',在'灵魂、主题、精髓、基础'的完整理论体系中居于'灵魂'地位,也就是说,它是'魂中之魂'。这就充分肯定和格外强调了马克思主义在当代中国文化中的主导地位和决定性作用。《决定》中也有'以民族文化为主体,吸收外来有益文化,推动中华文化走向世界'的论述,在讲学习借鉴国外优秀文化成果时,强调要坚持'以我为主,为我所用'的原则。这就明确肯定了中国文化('我')的主体地位和外来有益文化之'用'的地位、'他山之石'地位。中、西、马三种文化资源在当代中国文化中各自的地位和它们之间的相互关系可谓一目了然。"也就是说,在这个对当今中国文化发展有重要指导意义的文件中,实际上"马魂""中体""西用"都讲到了,马、中、西分别处于"灵魂""主体"和为我所用的"他山之石"的地位。

党的十八大报告指出:"道路关乎党的命脉,关乎国家前途、民族命运、人民幸福。"这是就一个国家、民族的社会发展道路来说的,但与之有密切联系的文化发展道路选择也同样具有重要意义,它决定着一个国家的文化发展方向、前途和命运。从20世纪三四十年代的"三流合一"论到八九十年代的"文化综合创新论",再到21世纪初期的"马魂、中体、西用"论,清晰地展示了中国马克思主义综合创新文化观的发展轨迹。鸦片战争以来,"中国向何处去"的道路之争一直贯穿于近现代社会和文化的发展过程中,"全盘西化""复兴儒学""中体西用""西体中用"都曾是有影响力的文化道路,但它们都以其偏狭的文化心态进而对马克思主义在中国现当代文化中的重要地位和指导作用"视而不见",固执中西两立、体用二元的思维方式,未能正确反映中、西、马融通的时代精神。与此形成鲜明对照的是中国共产党和马克思主义学者所共同倡导的"三流合一、综合创新"文化观正确反映了人类文化的发展规律、中国国情和时代精神,历史的发展已做出结论:只有社会主义才能救中国,只有改革开放才能发展中国,只有走"三流合一、综合创新"之路才有中华文明的伟大复兴。然而,那些不同的道路选择和主张并不一定承认历史的结论,所以道路之争在今天以至今后相当长一段历史时期内仍会继续存在。

20世纪中国文化发展的基本矛盾是中、西、马文化资源在中国新文化中的地位和相互关系问题,而这也正是中国马克思主义综合创新文化观所致力于解决的核心问题。在这种新文化观的视野中,中、西、马之间是一种"一"(一元主导)、"多"(兼容多元)关系,"多"中有"一"、"一""多"相容,从而不断创造中国特色社会主义文化的新境界。一方面,当代中国文化必须旗帜鲜明地坚持中国化马克思主义在社会生活及学术研究中的主导地位,借以引领中国社会和中国文化的先进方向;另一方面,文化资源的多样性与文化创新有必然联系,我们要抱有一种开放的心态和平等的眼光,在马克思主义指导下允许多种学术流派和不同思想观点的存在与发展，虚心汲取一切有利于中国特色社会主义文化发展的要素。我们应本着符合客观实际与适合社会发展的客观需要相统一的判断标准，深入而具体地寻求马克思主义、中国优秀传统文化和西方文化在生产方式、社会制度、生活方式以及世界观、方法论、认识论、价值观、人生观等诸多方面的融通点，在三者的良性互动中为促进国内外现实问题的合理解决提供理论支持。

21 世纪初期，中国思想文化领域的基本格局仍然是中、西、马的对立互动，中国马克思主义综合创新文化观仍然具有独特的理论价值和现实意义，是我们党和学界最广泛认同的一种文化思想。习近平总书记在 2016 年 5 月 17 日在哲学社会科学工作座谈会上的讲话中指出："坚持以马克思主义为指导，是当代中国哲学社会科学区别于其他哲学社会科学的根本标志，必须旗帜鲜明加以坚持。""在我国，不坚持以马克思主义为指导，哲学社会科学就会失去灵魂、迷失方向，最终也不能发挥应有作用。"他认为，中国特色哲学社会科学要体现继承性、民族性，要善于融通古今中外各种资源，特别是要把握好马克思主义的资源、中华优秀传统文化的资源和国外哲学社会科学的资源，"要坚持古为今用、洋为中用，融通各种资源，不断推进知识创新、理论创新、方法创新。我们要坚持不忘本来、吸收外来、面向未来，既向内看，深入研究关系国计民生的重大课题，又向外看，积极探索关系人类前途命运的重大问题；既向前看，准确判断中国特色社会主义发展趋势，又向后看，善于继承和弘扬中华优秀传统文化精华"。习近平总书记还多次指出，研究孔子、儒家思想等传统文化和外国文化都要坚持历史唯物主义立场，"坚持古为今用、洋为中用，去粗取精、去伪存真，经过科学的扬弃后使之为我所用""努力实现传统文化的创造性转化、创新性发展"。他认为"文明是多彩的，人类文明因多样才有交流互鉴的价值""文明是平等的，人类文明因平等才有交流互鉴的前提""文明是包容的，人类文明因包容才有交流互鉴的动力"。这些论述强调了马克思主义的主导性、中国优秀传统文化的民族主体性和对待外国文化的开放性，强调在马克思主义指导下对中西文化采取平等包容、分析批判、取精存真、扬弃创新的态度，为新时期中国特色社会主义文化的发展指明了前进方向。中国共产党人近百年来的文化理论、文化方针和文化实践，鲜明地体现了中、西、马"三流合一、综合创新"的基本思路。

第三节　中华优秀传统文化对实现中国梦的重要意义

中华优秀传统文化具有"自然两一"的宇宙观、"知行合一"的认识论、"义利两有"的人生观、"德法并重"的政治思考、"刚健日新"的创新精神、"文明以止"的生态智慧、

“协和万邦”的外交思想、“以和为贵”的价值准衡等多方面、多维度的丰厚思想资源，这是实现中国梦的重要依据和民族智慧。

一、中华优秀传统文化是实现中国梦的题中之义

习近平总书记指出：“没有中华文化繁荣兴盛，就没有中华民族伟大复兴。一个民族的复兴需要强大的物质力量，也需要强大的精神力量。没有先进文化的积极引领，没有人民精神世界的极大丰富，没有民族精神力量的不断增强，一个国家、一个民族不可能屹立于世界民族之林。”中国优秀传统文化能够促进物质文明与精神文明的协调发展和极大丰富，是实现中华民族伟大复兴的中国梦的必要条件和智慧宝库。

中国现代文化史上的诸多学者，都把文化复兴看作民族复兴的重要标志，这主要以现代新儒家和中国马克思主义者为代表，二者既有弘扬中国传统文化的共同点，在中国文化的发展前途等问题上也有立场上的根本对立。

方克立指出：“在肯定民族文化主体性这一点上，马克思主义和现代新儒家并没有根本的分歧。”所谓现代新儒家，“是在21世纪20年代产生的以接续儒家‘道统’为己任，以服膺宋明儒学为主要特征，力图用儒家学说融合、会通西学以谋求现代化的一个学术思想流派”。一般来说，现代新儒家都表现了浓厚真挚的爱国主义情感，反对宣扬民族文化虚无主义的“全盘西化”论，要求坚持中国文化的民族主体性，如梁漱溟认为：“现在中国，无论如何还算是在很困难的境遇里自己可以自谋——对于自己的生活要自己做主。因为要自谋，所以对于政治采用某种，文化采用某种还要自决。”张君劢主张“吾国今后新文化之方针，当由我自决，由我民族精神上自行提出要求。若谓西洋人如何，我便如何，此乃傀儡登场，此为沐猴而冠，此无所谓文，更无所谓化”。贺麟反对“被动地受西化影响，奴隶式模仿”，而主张“自动地自觉地吸收融化，超越扬弃西洋现在已有的文化”，主张“自主的文化，文化的自主，也就是要求收复文化上的失地，争取文化上的独立与自主”等，这都表现了对民族文化主体性的高度自觉。

在现代新儒家看来，“中国近百年来的危机，根本上是一个文化的危机。文化上有失调整，就不能应付新的文化局势”，这种危机是如何造成的呢？这是因为“儒家思想在中国文化生活上失掉了自主权，丧失了新生命”，因此挽救危机、实现民族独立的根本方法就是重新确立民族文化的主体性，也就是以儒学去“容纳”“沟通”“儒化”西方文化，如梁漱溟提出：我们可以把孔子的路放得极宽泛、极通常，简直去容纳不合孔子之点都不要紧。张君劢强调“应以儒学为体，而沟通东西思想”。贺麟认为“民族复兴本质上应该是民族文化的复兴。民族文化的复兴，其主要的潮流、根本的成分就是儒家思想的复兴，儒家文化的复兴。假如儒家思想没有新的前途、新的开展，则中华民族以及民族文化也就不会有新的前途、新的开展”，这就是“以儒家思想或民族精

神为主体去儒化或华化西洋文化”。这里，现代新儒家主要是从狭义上使用“文化”概念，表现了比较鲜明的文化决定论倾向。可以说，无论是张君劢的主观“精神”还是贺麟的“绝对精神”，实质上都是一种唯心主义的精神决定论和精神本体论。他们与以毛泽东等为代表的中国化马克思主义文化观的争论焦点是“哲学世界观上的唯物与唯心之争”。二者最重要、最根本的分歧还是唯物史观与唯心史观的对立。

以李大钊、鲁迅、毛泽东、张岱年等为代表的一大批中国马克思主义者，坚持以唯物史观和唯物辩证法为指导来探讨中国传统文化的复兴问题。

李大钊早期解释“中华”之义云：“中者，宅中位正之谓也。吾辈青年之大任，不仅以于空间能致中华为天下之中而遂足，并当于时间而谛时中之旨也。……华者，文明开敷之谓也……有渐即废落之中华，所以有方复开敷之中华。”他强烈反对日本学者充满侵略性的“大亚细亚主义”，而力倡“新中华民族主义”，反复申论“为亚洲文化中心之吾民族”应对世界新文明“有所觉悟、有所努力”，中华民族应是世界新文明的重要创造者，要努力创造“综合异派文明兼容并收”的“第三新文明”，这种新文明以“民众”为主体，以民主解放、个性自由为目的，力求实现中国传统文化与外国文化的综合创新，这既是中华民族对世界文明的“第二次之大贡献”，也是中国民族的复活。这样，中华文明的复兴就具有了民族的和世界的双重意义，达到了爱国主义与国际主义的高度统一。成为马克思主义者之后，李大钊继续密切关注文化问题，明确指出中国文化的发展前途只能是社会主义和共产主义，新文化的主体只能是“劳工阶级”或“平民”，其基本特征是“个性自由与大同团结”“物心两面的改造”与“共性与特性结合”。以人类解放为共同旨归的个性自由与大同团结是个性与共性的关系，二者不可分离、互为条件、相互促进。个性自由是大同团结的目的，而大同团结是个性自由的保障。他认为社会主义社会将“做两种文化运动：一个是精神改造的运动，一个是物质改造的运动”，物质层面的基础构造（经济构造）与精神层面的表面构造（一切文化的构造）如车之两轮、鸟之双翼，既肯定物质文明的基础地位和决定作用，又强调精神文明（心性修养）的改造人性、“陶冶性灵”对发展和巩固经济制度的重要作用和积极意义。这样，通过“物心两面的改造，灵肉一致的改造”的自觉努力，使普通民众在物质和精神两个方面都得到均衡的发展。新文化需要创造、牺牲的民族精神。李大钊深刻认识到中国新文化创造的艰巨性，以劳动实践为基础阐述了“苦”与“乐”的辩证法，认为：“我想这‘寂寞日子’，并不是苦境，实在是一种乐境。我觉得世间一切光明，都从寂寞中发现出来。”“我觉得人生求乐的方法，最好莫过于尊重劳动。一切乐境，都可由劳动得来，一切苦境，都可由劳动解脱。劳动的人，自然没有苦境跟着他。”他主张以长江、黄河“代表我们的民族精神”，“我们应该拿出雄健的精神，高唱着进行的曲调，在这悲壮歌声中，走过这崎岖险阻的道路”。总体来看，李大钊在正确论述物质文明对政治文明与精神文明的决定地位时，也在一定程度上看到了政治文明与精神文明对物质文明的巨大能动作用，对后继的毛泽东、侯外庐、张岱年等都产生了深远影响。

鲁迅早期是资产阶级民主主义者，倾向于从科学角度探讨文学、艺术等文化问题。他早期哲学的基调是进化论，表现了鲜明的辩证思维的特色，这种辩证思维是看到事物发展是曲折性与前进性的统一。他主张全面地看待西方文化，对中国新文化的设计模式也充满了辩证精神。这种品质与其后期的“拿来主义”是一脉相承的。鲁迅批判以“卑怯”心理为实质的国民劣根性，主张以平等、宽容、进取、创造精神来培育新国民性，从而重塑中国文化的主体性——“尤为高尚尤近圆满的人类”。转变为马克思主义者之后，他在文化问题上主张“博采众家，取其所长、留其精粹，融合新机”。这包括几个方面：第一，坚持文化的民族性。他认为：“中国的事情，总是中国人做来，才可以见真相……只有我们做起来，方能留下一个真相。”他以绘画为例，认为陶元庆的绘画是“以新的形，尤其是新的色来写出他自己的世界，而其中仍有中国向来的魂灵——要字面免得流于玄虚，则就是民族性“气”内外两面，都和世界的时代思潮合流，而又并未梏亡中国的民族性。第二，坚持文化主体的自觉性和文化资源的多样性。鲁迅认为，只有具有“沉着，勇猛，有辨别”，不自私品质的新文化主体，才能真正“占有，挑选”而汲取中外文化之所长，这就必须反对盲目的“闭关主义”、奴才的“送去主义”和被动的“送来主义”，正确的态度是“拿来主义”，我们要运用脑髓，放出眼光，自己来拿！对中外文化遗产要根据中国社会的客观需要而“或使用，或存放，或毁灭”，只有这样才能造就“新人”、建成“新文艺”。第三，他坚持对中国优秀传统文化的批判性和继承性。对中国传统文化的全面剖析，一方面坚持批判传统文化中的糟粕，另一方面坚持继承优秀文化遗产。他认为：“将来的光明，必将证明我们不但是文艺上的遗产的保存者，也是开拓者和建设者。”“新的阶级及其文化，并非突然从天而降，大抵是发达于对于旧支配者及其文化的反抗中，亦即发达于和旧者的对立中，所以新文化仍然有所承传，于旧文化也仍然有所择取。”第四，鲁迅反对对外国文化的盲目抄袭和生吞活剥，主张“必须加以研究，融化，才可以应用”。鲁迅认为，在汲取中外文化之优长的基础上，还应该进一步促进各种优秀文化要素的融合，使之成为有机整体。“虽是西洋文明，我们能吸收时，就是西洋文明也变成我们自己的了。好像吃牛肉一样，决不会吃了牛肉自己也即变成牛肉的。”“自然，旧形式的采取，或者必须说新形式的探求，都必须艺术学徒的努力的实践……我们有艺术史，而且生在中国，即必须翻开中国的艺术史来。……这些采取，并非断片的古董的杂陈，必须溶化于新作品中，那是不必赘说的事，恰如吃用牛羊，弃去蹄毛，留其精粹，以滋养及发达新的生体，决不因此就会‘类乎’牛羊的。”第五，鲁迅始终对中华民族、中国文化的前途怀有坚定的自信，他提出我们从古以来，就有埋头苦干的人，有拼命硬干的人，有为民请命的人，有舍身求法的人……虽是等于为帝王将相作家谱的所谓‘正史’，也往往掩不住他们的光耀，这就是中国的脊梁。”

通过总结李大钊、鲁迅等马克思主义者的理论探索和独立思考，毛泽东指出："一定的文化（当作观念形态的文化）是一定社会的政治和经济的反映，又给予伟大影响和作用于一定社会的政治和经济；而经济是基础，政治则是经济的集中表现。这是我们对于文化和政治、经济的关系及政治和经济的关系的基本观点。"文化是整个社会系统的组成部分，一方面，一定社会的经济和政治决定文化的性质和发展，一定的文化要服务于一定的经济和政治；另一方面，文化对经济、政治有着巨大反作用，甚至在特定条件下成为经济、政治的决定因素。随着中国革命的深入发展，毛泽东日益强调文化的重要作用：他非常注重提高工农的阶级觉悟和文化程度；他强调要"文武双全""笔杆子跟枪杆子结合起来"，"文化战线"和"军事战线"相配合，建立"文化的军队"宣传教育全国民众团结抗日，普及人民大众的抗日的知识技能和民族自尊心；他主张革命的文艺工作者要和人民群众完全结合，使文艺成为团结人民、教育人民、打击敌人、消灭敌人的有力武器。文化与经济、政治之间的辩证关系是中国化马克思主义综合创新文化观的一个基本点，是正确理解中国文化的基本性质和发展前途的理论基础。

毛泽东论述了文化的多样性与统一性、常住性与变动性、连续性与阶段性、民族性与时代性、整体性与可分性、民族性与世界性等矛盾关系，认为马克思主义、中国传统文化和外来文化是中国新文化的基本资源，而每一种文化资源内部也都有着多元性，批判继承是对待一切文化资源的正确态度。在马克思主义、中国传统文化、外国文化之间的关系上，他提出历史主义的"通古今""通中外"的"古今中外法"，要求以"今""中"为本位来批判继承三种文化资源之优长。毛泽东高度重视中国文化的民族主体性，坚决反对对待民族文化的虚无主义态度，主张以"我们今天用得着"为标准推进马克思主义和西方文化的民族化、本土化。他在党的六届六中全会上指出："我们这个民族有数千年的历史，有它的特点，有它的许多珍贵品。对于这些，我们还是小学生。今天的中国是历史的中国的一个发展，我们是马克思主义的历史主义者，我们不应当割断历史。从孔夫子到孙中山，我们应当给以总结，承继这一份珍贵的遗产。"他指出："我们信奉马克思主义是正确的思想方法，这并不意味着我们忽视中国文化遗产和非马克思主义的外国思想的价值。""我们的态度是批判地接受我们自己的历史遗产和外国的思想。我们既反对盲目接收任何思想也反对盲目抵制任何思想。我们中国人必须用我们自己的头脑进行思考，并决定什么东西能在我们自己的土壤里生长起来。"他既反对割断文化传统也反对盲目崇拜旧文化，主张对"从孔夫子到孙中山"的民族文化遗产进行批判总结，"剔除其封建性的糟粕，吸收其民主性的精华"，继承其中的"珍贵品"并"变成自己的东西"。始终强调以中国文化为主体，在改进和发扬中国文化传统的基础上创造"中国自己的、有独特的民族风格"的社会主义新文化，是毛泽东文化观的一个鲜明特点。

值得注意的是，毛泽东还进一步揭示了中国新文化的根本目的。他在 1944 年修改艾思奇《改善家庭关系，建设新家庭》时明确提出“使每个人的个性能够发展”，他还谈道：“解放个性，这也是民主对封建革命必然包括的。有人说我们忽视或压制个性，这是不对的。被束缚的个性如不得解放，就没有民主主义，也没有社会主义。”“马克思说：‘在资产阶级社会里，资本具有独立性和个性，而活着的个人却没有独立性和个性。’……马克思在《共产党宣言》里讲得很清楚，他说：‘每个人的自由发展是一切人的自由发展的条件。’”他指出摧残个性而导致中国人民的身心不能全面发展的是帝国主义、封建势力，“中国如果没有独立就没有个性，民族解放就是解放个性，政治上要这样做，经济上要这样做，文化上也要这样做”，新民主主义和社会主义制度正是要解除这些束缚，保障广大人民自由发展其在共同生活中的个性。他别有诗意地提出“我劝马列重抖擞，不拘一格降人才”，要求把代表最广大人民根本利益的党性与创造性的个性相统一。这些对个性全面发展的论述准确把握了马克思主义的本旨，在毛泽东文化观中独放异彩，这无疑具有极为重大的理论价值和现实意义。

既坚持马克思主义的指导地位又立足于中国文化的民族主体性，是中国化马克思主义文化综合创新学派的一个基本立场。著名马克思主义哲学家张岱年认为，“民族主体性”是一个民族作为独立主体的自觉意识，其主要内涵是“民族的独立性、自主性、主体能动性或“独立意识、自我意识和自觉能动性”。首先，民族主体性保持本民族的独立地位，不屈服于外民族的侵略和奴役；其次，民族主体性体现为高度的民族自觉，也就是对本民族的历史、现状和未来的全面的、客观的认识；最后，民族主体性体现为本民族改造客观世界的自强不息、艰苦奋斗的精神。因此，所谓民族主体性，实际上就是以民族的理性认识为基础，保障本民族独立发展的主动精神。迄今为止的人类文化史都是以民族作为文化的主要载体，文化为民族的生存、发展而服务。一方面，任何独立民族都必须保持其文化的主体性，民族独立性的“一个重要方面就表现在民族文化的独立性上”；另一方面，任何文化在其前后相续的过程中都有“一个‘一以贯之’的中心，这就是民族的主体性”，如果脱离了民族的生存与发展，那么文化也就失去了其内在基础而成为无本之木、无源之水。因此，文化民族主体性的实质就是维护和促进本民族的生存与发展，它表现为民族文化的独立性、自觉性和主动创造性，是以对本民族文化的全面认识为基础，保障本民族文化独立发展的主动精神。那么，为什么要坚持文化的民族主体性？张岱年认为只要民族还存在，就必须坚持文化的民族主体性，“社会主义文化是世界性的文化，然而世界性不是无民族性，在民族存在的限度内，不能有无民族性的文化”。一方面，各民族的充分发展是民族消亡的根本条件；另一方面，在实现世界大同理想以前，在全世界范围内民族之间的差别尚未完全消失之前，民族矛盾、民族斗争是不可避免的，保卫民族独立是每一个民族的最重要使命。“当今世界上，大多数人都有其国籍，有其民族籍。即令脱离了任何国籍的世界公民，也还有其民族籍。如果他所属的民族丧失了独立地位，即令他是人所共知的世界公民，也要受到屈辱。这是铁铮铮的不可回避的事实。”他指出“民族的独立与民族文化的独立性是不可分割的”，因此“文化必须具有保证民族独立、促进民族发展的积极作用”，如果一个民族失去了民族文化的主体性，丧失了民族的自尊心和自信心，那么它就必然丧失其民族独立性而亡国亡种。张岱年认为，文化的发展要正确处理开放与独立的关系，借鉴外邦文化、吸收外邦文化是为了“资外以宏内”而不是“徇外而蔑内”，任何民族都需要以开放的姿态汲取世界文化的先进成就，但是“如果自己本身没有奋发向上的内在动力，没有积极前进的内在要求，那么文化的进步也是不可能的”，事实上“现代西方国家都表现了强烈的民族主体性。一个没有主体意识的民族是不可能实现‘现代化’的”。总之，“一个健全的民族文化体系，必须表现民族的主体性。……一个民族，如果丧失了主体性，就沦为别国的殖民地。如果文化不能保证民族的主体性，这种文化是毫无价值的。匍匐于古人之下是奴性，匍匐于外人之下也是奴性”。中国文化建设“最重要的是要发扬民族的主体意识，才能真正创立中华民族的新文化”，坚持文化的民族主体性是发展本民族文化的根本出发点和立足点。因此，张岱年明确提出要克服“对待文化问题的盲目性”，“中国人如果守旧不改，则无异于等着毁灭；如果妄自菲薄，以为百不如人，则难免有被外来侵略者征服的危险”，他坚决反对成为“非西洋文化之附庸”，认为对西方文化“不当只是取过来而已，更当加以发展使带着中国的特色……中国不当只是个模仿者，而且是一个创造者、促进者，中国应有其值得西洋采取的独创的新贡献”。20 世纪 80 年代后，他多次强调：“全盘接受西方文化，全盘否定自己的传统”是“危险的，因为文化的独立性是保证民族独立性的一个重要方面。民族文化取消了，就不能保持民族的独立性”，“建设未来的中国的文化，最重要的问题是要重视、保持民族的主体性、民族的主体意识”。

在 20 世纪 30 年代的“文化创造主义”和 80 年代的“文化综合创新论”中，张岱年始终高度重视中国文化的主体性问题。他认为“一方面不要使中国文化完全为西洋所克服而归于消亡，要使中国仍保持其特色的文化；另一方面，又要使中国文化与世界文化相适应，使中国文化变成新的，而成为新的世界文化之一部分。也即是，固要吸纳西洋文化，却又要避免为西洋所同化；其吸纳西洋文化，要按着一种标准，但此标准是依中国文化之特性及现代的需要来决定的。换言之，即是要建设新的中国文化，既非旧文化，也非西洋文化之附庸”。中国文化必须在确保自身的民族独立性的前提下“截长补短，兼采并纳西洋近代之创获，以裨益固有之精神，而卓然自立于世，与人并驾而不仅追随于后”，中国文化主体性的现代重建绝不可能以保守旧文化、“全盘”转换或“妄以中学与西学对立”等模式进行，而只能是在综合一切符合客观实际、适合社会发展需要的积极成果基础上的新创造。

在 21 世纪，习近平总书记深刻阐述了中国优秀传统文化与中国梦的内在关系，深刻阐释了中国道路的民族特色，指出中国优秀传统文化是文化自信的重要根基。在2014年2月24日的中央政治局第十三次集体学习中，习近平总书记就提出要“增强文化自信和价值观自信”。2014年10月15日，他在文艺工作座谈会上强调：“增强文化自觉和文化自信，是坚定道路自信、理论自信、制度自信的题中应有之义。”2015年11月3日，在第二届“读懂中国”国际会议期间会见外方代表时，他指出：“中国有坚定的道路自信、理论自信、制度自信，其本质是建立在五千多年文明传承基础上的文化自信。”在庆祝中国共产党成立95周年大会的讲话中，他对文化自信特别加以阐释，指出，文化自信，是更基础、更广泛、更深厚的自信。在2016年的哲学社会科学工作座谈会上，习近平总书记明确指出：“绵延几千年的中华文化，是中国特色哲学社会科学成长发展的深厚基础。……我们说要坚定中国特色社会主义道路自信、理论自信、制度自信，说到底是要坚定文化自信。文化自信是更基本、更深沉、更持久的力量，历史和现实都表明，一个抛弃了或者背叛了自己历史文化的民族，不仅不可能发展起来，而且很可能上演一场历史悲剧。”“文化自信”概念的提出和阐释，是对以毛泽东等为代表的中国共产党人文化观的科学传承与创新发展，高度肯定了中国特色社会主义新文化在中国特色社会主义建设中的核心地位，也明确了文化复兴在中华民族伟大复兴中的标志性地位。

二、中华优秀传统文化积淀着中华民族最深层的精神追求

习近平总书记指出：“民族文化是一个民族区别于其他民族的独特标识。”“中华文化源远流长，积淀着中华民族最深层的精神追求，代表着中华民族独特的精神标识，为中华民族生生不息、发展壮大提供了丰厚滋养。”几千年来积淀的中华优秀传统文化，是中华民族生于斯、长于斯的精神家园。

中华优秀传统文化是中国精神的重要源泉，是实现中国梦的智慧瑰宝。习近平总书记认为：“中华民族有着五千多年的文明史，近代以前中国一直是世界强国之一。在几千年的历史流变中，中华民族从来不是一帆风顺的，遇到了无数艰难困苦，但我们都挺过来、走过来了，其中一个很重要的原因就是世世代代的中华儿女培育和发展了独具特色、博大精深的中华文化，为中华民族克服困难、生生不息提供了强大精神支撑。”中华民族屹立于世界东方，一方面经受着自然界的艰难考验，另一方面面临着内部分裂和外族侵略的严峻挑战，中国文化虽经历了无数次盛衰变迁，但是始终延续不绝，成为几千年来从未中断的唯一的人类文明奇迹。特别是近代以来，中华民族内有封建主义和官僚资本主义的剥削压迫，外有西方资本主义国家和日本帝国主义的疯狂侵略，正如晚清李鸿章在《同治朝筹办夷务始末》中所说：“今则东南海疆万余里，各国通商传教，来往自如，麇集京师及各省腹地，阳托和好之名，阴怀吞噬之计，一国

生事，数国构煽，实为数千年来未有之变局。”中华民族正面临着亡国灭种的空前危机。但是，中国人民并没有坐等灭亡，而是在“风雨如磐暗故园”的危难中充分展现出前赴后继的牺牲精神，林则徐的“苟利国家生死以，岂因祸福避趋之”、谭嗣同的“我自横刀向天笑，去留肝胆两昆仑”、鲁迅的“寄意寒星荃不察，我以我血荐轩辕”等，都激励着先进的中国人探索救国救民的真理和道路。中国共产党人在马克思主义指导下找到了新民主主义和社会主义的正道，带领中国人民战胜一切艰难险阻而取得最后胜利，毛泽东指出：“我们中华民族有同自己的敌人血战到底的气概，有在自力更生的基础上光复旧物的决心，有自立于世界民族之林的能力。”他在1949年庄严宣告：“占人类总数四分之一的中国人从此站立起来了。……我们的民族将从此列入爱好和平自由的世界各民族的大家庭，以勇敢而勤劳的姿态工作着，创造自己的文明和幸福，同时也促进世界的和平和自由。”中华民族的艰难奋斗历程表明，中国文化必然有其内在的、恒久的优秀传统，这种优秀传统文化突出地体现在自强不息、厚德载物的中华民族精神上，这正是中华民族生生不息的文化基因。

远古时代“三皇五帝”的传说有一个显著特点，就是体现了中国人民的奋斗精神和创造精神。“《易》曰：包牺氏之王天下也……德始于木，作网罟以田渔。……炎帝，《易》曰：包牺氏没，神农氏作……教民耕农，故天下号曰神农氏。黄帝，《易》曰：神农氏没，黄帝氏作……始垂衣裳，有轩冕之服，故天下号曰轩辕氏。”（《汉书·律历志》）“古者包牺氏之王天下也，仰则观象于天，俯则观法于地，观鸟兽之文与地之宜，近取诸身，远取诸物，于是始作八卦……作结绳而为网苦，以佃以渔。……包牺氏没，神农氏作，斫木为耜，揉木为耒，耒耨之利，以教天下……日中为市，致天下之民，聚天下之货，交易而退，各得其所。……神农氏没，黄帝、尧、舜氏作，通其变，使民不倦……黄帝尧舜垂衣裳而天下治。”（《易传·系辞传》）这些记载都说明“包牺氏”“神农氏”“黄帝”“尧”“舜”等都是人类文明的重要创始者，而大禹治水“三过家门而不入”更表现了一种无私奉献的奋斗精神，这种古代人本主义思想是孕育中华民族精神的丰厚源泉。到春秋时期，中华民族达到了文化自觉的新高度。儒家创始人孔子重“刚”倡“乐”，主张“为之不厌”（《论语·述而》）、“发愤忘食，乐以忘忧”（《论语·述而》）的积极有为的生活态度。墨家的生活态度比儒家更主动积极，主张“日夜不休，以自苦为极”（《庄子·天下》），对后世中国人的勤俭奋斗有巨大影响。战国末期儒家所作的《易传》提出“刚健”思想，主张“刚健而文明”（《大有》）、“刚健笃实辉光”（《大畜》），特别是明确提出了“天行健，君子以自强不息”（《乾卦》）的著名命题。从此，“自强不息”对中国社会历史发展产生了深远影响，激励着古往今来进步思想家、政治家、科学家、艺术家和广大人民群众奋勇前行。中华民族自古以来就表现了“和而不同”的精神品质。西周末年史伯云：“夫和实生物，同则不继。以他平他谓之和，故能丰长而物归之；若以同裨同，尽乃弃矣。”（《普通话·郑语》）春秋时期晏婴论“和、同”云：“和如羹焉若以水济水，谁能食之？若琴瑟之专一，谁能听之？同之不可也如是。”（《左传·昭公二十年》）儒家主张“和而不同”（《论语·子路》）、“和为贵”（《论语·学而》）、“天时不如地利，地利不如人和”（《孟子·公孙丑上》），到《易传》提出“地势坤，君子以厚德载物”，都高度重视不同事物的相反相成、相成相济。“自强不息，就是坚持民族独立，决不向外力屈服，对外来的侵略一定要抵抗，保持民族的主权和独立，自强不息用现在流行的话说，就是‘拼搏精神’。同时还要厚德载物，胸怀广大，不去侵犯别人，保持国际和平。这些都是中华民族的优良传统，我们应该加以肯定。”“自强不息”的奋斗精神与“厚德载物”的宽容精神，成为中华民族精神的核心内涵，在改造自然、改造社会上都有显著表现。

总体上来看，在人与自然的关系上，中华民族强调人与自然的和谐，反对“征服自然”的人类中心主义立场。《中庸》提出：“唯天下至诚，为能尽其性；能尽其性，则能尽人之性；能尽人之性，则能尽物之性；能尽物之性，则可以赞天地之化育；可以赞天地之化育，则可以与天地参矣。”如果人类能够认识自然本性并进而赞助自然，就可以赞助自然之化育而与天地并立为三。《易传》提出“与天地合其德，与日月合其明，与四时合其序，与鬼神合其吉凶，先天而天弗违，后天而奉天时”（《乾卦·文言传》）和“裁成天地之道、辅助天地之宜”“范围天地之流而不过，曲成万物而不遗”等著名命题，充分意识到人与自然的一气相通、相辅相成的“天人合一”的辩证关系，既要尊重自然，认识自然规律，又要发挥人类的主体能动性，正确地调节自然的演化过程。顺应天道，与自然为友而和谐相处，强调自然本身的客观独立性和客观规律性，人应在认识自然规律基础上“赞助”而不是征服和控制自然。这是中华民族几千年来所积淀的深沉的生态文明，这种生态文明奠定了中华民族生生不息的物质基础，在民族关系上，儒家赞扬“管仲相桓公，霸诸侯，一匡天下，民到于今受其赐。微管仲，吾其被发左衽矣”（《论语·宪问》），这就是习近平总书记所指出的：“古往今来，中华民族之所以在世界有地位、有影响，不是靠穷兵黩武，不是靠对外扩张，而是靠中华文化的强大感召力和吸引力。我们的先人早就认识到‘远人不服，则修文德以来之’的道理。阐释中华民族禀赋、中华民族特点、中华民族精神，以德服人、以文化人是其中很重要的一个方面。”中华民族向来坚决反对外族侵略而维护中华文明的独立性和延续性，凝聚了爱国主义的激情；同时又主张“协和万邦”（《尚书·尧典》）、“远人不服，则修文德以来之。既来之，则安之”（《论语·季氏》），努力维系不同民族之间的和睦相处。这正如习近平总书记指出的：“从历史的角度看，包括儒家思想在内的中国传统思想文化中的优秀成分，对中华文明形成并持续发展几千年而从未中断，对形成和维护中国团结统一的政治局面，对形成和巩固中国多民族和合一体的大家庭，对形成和丰富中华民族精神，对激励中华儿女维护民族独立，反抗外来侵略，对推动中国社会发展进步，促进中国社会利益和社会关系平衡，都发挥了十分重要的作用。”在21世纪新形势下，中国梦的实现面临着前所未有的一系列深层次难题和挑战。习近平总书记指出："当代中国的伟大社会变革，不是简单延续我国历史文化的母版，不是简单套用马克思主义经典作家设想的模板，不是其他国家社会主义实践的再版，也不是国外现代化发展的翻版，不可能找到现成的教科书。"同时也要看到，"包括儒家思想在内的中国优秀传统文化中蕴含着解决当代人类面临的难题的重要启示"。中国优秀传统文化的丰富哲学思想、人文精神、教化思想、道德理念等，可以为人们认识和改造世界提供有益启迪，可以为治国理政提供有益启示，也可以为道德建设提供有益启迪。对传统文化中适合于调理社会关系和鼓励人们向上向善的内容，我们要结合时代条件加以继承和发扬，赋予其新的含义。因而，实现中华民族伟大复兴的中国梦，需要调动、凝聚、升华包括中国优秀传统文化在内的人类一切先进思想文化成果，继续深入探索"什么是社会主义，怎样建设社会主义，建设什么样的党，怎样建设党；实现什么样的发展，怎样发展"等重大课题。

中华优秀传统文化有助于我们继续坚持和发展中国特色社会主义。习近平总书记指出："中国特色社会主义，是科学社会主义理论逻辑和中国社会发展历史逻辑的辩证统一，是根植于中国大地，反映中国人民意愿，适合中国和时代发展进步要求的科学社会主义，是全面建成小康社会，加快推进社会主义现代化，实现中华民族伟大复兴的必由之路。"中华优秀传统文化是我们最深厚的文化软实力，也是中国特色社会主义植根的文化沃土。每个国家和民族的历史传统、文化积淀、基本国情不同，其发展道路必然有着自己的特色。……数千年来，中华民族走着一条不同于其他国家和民族的文明发展道路，我们开辟了中国特色社会主义道路不是偶然的，是我国历史传承和文化传统决定的。"科学社会主义基本原理与中国历史、社会和思想文化实际相结合，决定了我们只能独立自主地走一条中国特色社会主义道路，既不能照搬西方国家的发展模式，也不能走教条主义的封闭僵化的老路或所谓"儒家资本主义"的邪路。中华优秀传统文化中以民为本和安民、富民、乐民、教民等思想，广开言路、集思广益、群策群力、博施众利等思想，对发展社会主义协商民主富有启迪。"道法自然""天人合一"等思想，有助于建设社会主义生态文明。传统"生义之辨""义利之辨""理欲之辨"等伦理道德思想，有助于矫正社会主义市场经济中"经济人"的某些弊端，把高尚道德引领与市场经济的基础地位更好地统一起来。"为政以德""政者，正也"等思想，"实事求是""知行合一""躬行实践"等思想，"仁者爱人""讲信修睦"等思想，"公生明，廉生威"的勤勉奉公、清廉从政等思想，"生于忧患，死于安乐"等思想，都有助于加强共产党人的思想和道德修养，提高我党的领导水平和执政水平，加强拒腐防变和抵御风险能力。"和而不同""保合太和"与"天下为公"、大同世界等思想，有助于我们建设社会主义和谐社会和人类命运共同体，推动"一带一路"倡议。"安而不忘危，存而不忘亡，治而不忘乱""不战而屈人之兵"等思想，有助于我们坚持走一条中国特色强军之路。“苟日新，日日新，又日新”“革故鼎新”“与时偕行”等思想，有助于我们增进改革创新意识。

我们要充分重视，中华优秀传统文化的理论贡献和当代价值，“我们决不可抛弃中华民族的优秀文化传统，恰恰相反，我们要很好地传承和弘扬，因为这是我们民族的‘根’和‘魂’，丢了这个‘根’和‘魂’，就没有根基了”。中华优秀传统文化“必须与马克思主义的普遍真理密切结合，才能提升到更高的水平”。只有坚持中国特色社会主义道路，“巩固马克思主义在意识形态领域的指导地位，巩固全党全国人民团结奋斗的共同思想基础”，才能正确发挥中华优秀传统文化的积极作用。

第三章　中国汉字文化

第一节　什么是汉字

一、汉字的概念

什么是文字？什么是汉字？

“文字”连在一起使用，最早见于秦代的琅琊刻石：“同书文字。”在现存文献中还找不到先秦连用的例子。先秦一般称“文”“书”“名”等。《左传·宣公十二年》：“夫文，止戈为武。”《左传·昭公元年》：“夫文，皿虫为蛊。”《左传》称文字为“文”。《仪礼·聘礼》：“百名以上书于策，不及百名书于方。”称文字为“名”“策”和“方”（都是形状不同的竹木简）。《周礼·春官·外史》：“掌达书名于四方。”郑玄注：“古曰名，今日字。”《荀子·解蔽》：“好书者众矣，而仓颉独传者，壹也。”称文字为“书”。

许慎《说文解字》：“文，错画也，象交文。”“字，乳也，从子在宀下，子亦声。”“文”是一个象形字，甲金文都像人的正面形，中间画有交错花纹，表示在人的胸腹部文身，汉字形体在不断演变，隶楷以后省略了交错花纹的部分，“文”的本义是纹路脉络之纹，纹是一个后起字。“字”是会意兼形声字，房屋内有子出生，本义是生产生殖。

许慎《说文解字·叙》：“仓颉之初作书也，盖依类象形，故谓之文。其后形声相益，即谓之字。文者物象之本，字者言孳乳而浸多也。”意思是，从描绘物体形状的图画演变来的象形字、抽象符号形成的指事字，形体结构是独体的，叫作文。这是由文的纹饰引申为物象意义的。其后由象形字、指事字互相组合，构加部分都作为形符的会意字，即所谓形象益；构加部分都作为声符的形声字，即所谓声相益。这些合体结构的，叫作字，这是由字的本义生殖引申为文字形体孳乳意义的，并且以为“文”是仓颉初造汉字时的雏形体，“字”是后来“文”发展的结果。

顾炎武在《日知录》中说：“春秋以前言文不言字，如《左传》‘夫文止戈为武’‘故文反正为乏’‘于文皿虫为蛊’，及《论语》‘史阙文’、《中庸》‘书同文’之类，并不言字。”江永《群经补义》：“其称书、名为字者，盖始于吕不韦著《吕氏春秋》，悬之咸阳市。曰：

‘有能增损一字者，予千金。’此称字之始，前此未有以文为字者也。”

文字是记录语言的书写符号系统，也是一个一个的单字。文字作为一个系统，它包含文字中所有的符号、形体以及笔顺笔画书写规则等。

汉字不是纯粹的音素符号，它兼有表音、表意两种功能，它既是记录汉语语音的书写符号系统，又是直接表示语义的书写符号系统。故汉字，是具有记录汉语语音和表达语义层级作用的书写符号系统。这里的层级作用，指表音、表意功能属于不同的符号层级。这和许慎的说法不同，许慎是从汉字的发生角度“仓颉之初作书也”讲的，这里是从汉字的功能来讲的。一个个汉字是书写符号，是通过“看”来知道汉语语音的；但汉字也具有表意功能，即能“看”出字的意义来。

二、汉字学

文字学是语言学分支之一，以文字为研究对象，研究文字的性质、体系、起源、发展、形体与音义的关系、正字法、文字的创制与改革、个别文字的演变等。广义的文字学，全面研究字的音形义，相当于小学，即除文字外，还包括音韵、训诂等的研究。

文字学可以根据研究对象的不同而分为若干分支，以世界上所有文字为研究对象，研究世界文字结构、性质分类、发生、演变的共同规律的，叫普通文字学，也称为一般文字学。这一领域研究难度较大，要通晓世界上主要文字，或掌握世界上主要文字资料，是不大容易的，尽管英、美、俄的个别学者一直在努力，但成果不多，尚无一本得到各国文字学家承认的权威性著作。以某几种记录不同语言的文字为研究对象，比较其结构特点、特质、发生发展规律的，叫作比较文字学；以某一种记录语言的文字为研究对象的，叫个别文字学。世界上绝大多数文字学著述，都是个别文字学，汉字学是其中之一。

汉字学有悠久的历史，至今至少已经有两千多年的历史了。最初称为小学。“小学”本来指学童之学宫，类似后来的初级学堂。《大戴礼记·保傅》：“古者年八岁而出就外舍，学小艺焉，履小节焉；束发而就大学，学大艺焉，履大节焉。”又：“及太子少长，知妃色，则人于小学。”“小艺”指书、术，即文字、计算知识。《汉书·艺文志》在诸经之后，列《史籀》以下10家45篇，均为童蒙识字课本，谓之“小学”一类。《隋书·经籍志》小学类里增加了音韵类书，至《旧唐书·经籍志》始将《尔雅》类训诂书也归入小学。“小学”成了传统语言学的代称，包含了文字、音韵和训诂。20世纪初，理论著述蜂起，名之为“文字学”之书亦随之出现。这个时期“文字学”的含意有二：一是等同“小学”，指文字、音韵、训诂，如最早的徐政道1917年出版的《中国文字学》，就有六书、部首、反切、古音等内容，所以后来就出现了“文字学形篇文字学音篇”。直到60年代，高亨先生著了《文字形义学概论》。另一是等同现代的“文字学”，如胡朴安先生所著的《中国文字学史》，其并不评述音韵、训诂之书。

三、汉字的起源

关于汉字的起源，自古就有许多传说，晚近的许多学者也做过不少有益的探究。从古老的传说和学者们的研究可以看出，汉字的产生是与原始记事方法有着密切联系的，在某种意义上说，原始记事方法就是原始汉字的前身。因此，要探讨汉字的起源，就必须对各种原始记事方法有充分的了解。原始记事方法形式很多，相传我国古代曾经用过结绳、契刻、八卦与图画等。

1. 结绳

结绳记事，是很久远的事。《周易・系辞下》云："上古结绳而治，后世圣人易之以书契，百官以治，万民以察。"《庄子・肤箧篇》："昔者容成氏、大庭氏、伯皇氏、中央氏、栗陆氏、骊畜氏、轩辕氏、赫胥氏、尊卢氏、祝融氏、伏栖氏、神农氏，当是时也，民结绳而用之。"这十二氏，是我国原始社会部落氏族的首领人物，其中伏栖氏、神农氏，史籍中屡见；大庭氏、容成氏古书亦偶有所见。庄子未明言结绳究竟始于何时，却说明在伏栖、神农等以前的漫长时期中都使用结绳之法，段玉裁《说文解字注》也说："自庖牺以前及庖牺，及神农皆结绳为治而统其事也。"与庄子的说法一致。而许慎《说文解字・叙》中指出："古者庖牺氏之王天下也，仰则观象于天，俯则观法于地，视鸟兽之文与地之宜，近取诸身，远取诸物，于是始作《易》八卦，以垂宪象，及神农氏结绳为治而统其事。"

如何用结绳来记事，孔颖达《周易正义》引郑玄《注》做了说明："结绳为约，事大，大结其绳；事小，小结其绳。"李鼎祚《周易集解》引《九家易》："古者无文字，其有誓约之事，事大，大其绳；事小，小其绳。结之多少，随物众寡，各执以相考，亦足以相治也。"

因为记忆是最容易忘记的，因此须用结绳来记数。古文字中的十、廿、卅即取象于结绳。清人严如熤在《苗疆风俗考》中说："苗民不知文字，父子递传，以鼠牛犬马记年月，暗与历书合。有所控告，必请士人代书，性善记，惧有忘，则结于绳。"建国初期，云南独龙族人远行用结绳来记事：每行一日，即打一个结；朋友约定相会，亦用结绳帮助记忆相会日期，先在一根绳子上打若干结，每过一天，解开一结，结子解完，便知道相会的日期已到；或用一样长的两条绳子各打两个结，把两条绳子的末端合打成一个结，赠给自己心爱的姑娘，这就表示求婚。

2. 契刻

契刻是较结绳晚出的一种记事方法。契刻的作用主要是记数，刘熙《释名·释书契》云："契，刻也，刻识其数也。"《墨子・备城门》："守城之法：必数城中之木，十人之所举为十挈，五人之所举为五挈。凡轻重以挈为人数。"孙诒让解释说："十挈、五挈，谓该契之齿以记数也。”契刻更多的是记数以表示凭证，作为契约，《周礼·地官·质人》：“掌稽市之书契。”郑玄《注》云：“书契取予市场之券也。其券之象，书两札，刻其侧。”又《书叙》孔《疏》引郑玄《易注》云：“书之于木，刻其侧为契，各持其一，后以相考合。”可见，这种用作券契的契刻方法是，先制一竹条或木条，刻齿于其侧，以齿数的多少来代表财物的数量，再将刻齿的竹条或木条剖而为二，当事双方各执其一，以相证明。这种作为契约的契刻在古代是很为常用的。《管子·轻重篇甲》：“子大夫有五谷菽粟者勿敢左右，请以平贾取之子。与之定其券契之齿。”《列子·说符篇》：“宋人有游于道得人遗契者，归而藏之，密数其齿，告邻人日：‘吾富可待矣。”’

陆次云《峒溪纤志》云：“木契者，刻木为符，以志事也。苗人虽有文字，不能皆习，故每有事，刻木记之，以为约信之验。”诸匡鼎《瑶壮传》：“刻木为齿，与人交易，谓之打木格。”方亨咸《苗俗纪闻》云：“俗无文契，凡称贷交易，刻木为信，未尝有偷者，木即常木，或一刻，或数刻，以多寡远近不同分为二，各执一，如约时合之，若符节也。”汉字的数目字一、二、三、八等应当来源于契刻。

3. 河图洛书

《周易·系辞上》云：“河出图，洛出书，圣人则之。”《论语·子罕》：“子曰：‘凤鸟不至，河不出图洛不出书，吾已矣夫！”，《管子·小匡》：“昔人之受命者，龙龟假，河出图，洛出书，地出乘黄。”《墨子·非攻下》：“赤鸟衔畦，降周之岐社，曰：‘天命周文王伐殷有国。’泰颠来宾，河出绿图，地出乘黄。”先秦时期，这些叙述把“河图洛书”看成圣人应世以及帝王受命之瑞兆。“河图洛书”的具体内容到底是什么呢？汉孔安国《尚书传》说：“河图者，伏栖氏王天下，龙马出河，遂则其文以画八卦。洛书者，禹治洪水，神龟负文而列于背，有数至九，禹遂因而第之，以成九畴。”表明“河图洛书”是天地自然而有的数字构成，其中蕴含着自然数理建构玄机，魏关子明则首次明确提出了“河图洛书”的图数：“河图之文，七前六后，八左九右。洛书之文，九前一后，三左七右，四前左，二前右，八后左，六后右。”南北朝时甄鸾著的《数术记遗》，更进一步地明确了“河图洛书”的数字排列方式：“河图”为“一与六共宗居乎北，二与七为朋而居乎南，三与八同道而居乎东，四与九为友而居乎西，五与十相守而居乎中”，“洛书”为“戴九履一，左三右七，二四为肩，六八为足，五居中央”。

4. 八卦

《周易·系辞下》云：“古者庖牺氏之王天下也，仰则观象于天，俯则观法于地，观鸟兽之文与地之宜，近取诸身，远取诸物，于是始作八卦，以通神明之德，以类万物之情。”八卦当是一种“通神明之德”和“类万物之情”的象征性符号，其符号是以两短横和一长横比拟阴阳两仪，每卦由三个符号互相配合而成的。

这八种符号，实际上就是由三个数字组成的一种数字图式。如果用六个数字组成不同的图式，就会得出六十四种不同的符号，这便是所谓的“六十四卦”。无论是八卦，还是六十四卦，原来当是抽象记事符号。八卦所代表的事类大致与卦名有关。乾卦古经内容代表天象。坤卦内容是大地上人的活动及对大地的认识。震卦是雷电。艮卦高亨先生以为是艮字反文，意为还视，保护身体。离通罹，战祸。坎卦古经多与坎陷获俘、狩猎有关。兑乃古悦字，兑卦内容是讲邦国之间和悦的。巽乃逊之通假，巽卦爻辞内容杂乱，四见巽字，均是伏顺之义。

5. 图画记事

宋代郑樵说："书与画同出，六书也者皆象形之变。"绘图作画也是一种古老的记事方法。以描摹事物的形象来记录事情或表达某种愿望。我国古代有很多圣人作图的传说。《太平御览》卷九七引《世本》："敕首作画。"《世本·作篇》说："史皇作图，仓颉作书。"《左传·昭公十七年》云："昔者黄帝氏以云纪，故为云师而云名。炎帝氏以火纪，故为火师而火名。公共氏以水纪，故为水师而水名。太皞氏以龙纪，故为龙师而龙名。"又："我高祖少皞，挚之立也，凤鸟适至，故纪于鸟，为鸟师而鸟名。"这种以龙鸟云水火等纪官的方法，大概就是以图像来做标记的发明。《左传·宣公三年》："昔夏之方有德也，远方图物，贡金九牧，铸鼎象物，百物而为之备，使民知神、奸。"裘锡圭先生认为："用象形符号表示族名，很可能是原始表意字的一个重要途径。"

史前社会有一种"图腾崇拜"，即把某种动物或植物作为自己的先祖，把它们当祖先来崇敬。他们把这些图腾当作自己氏族的名称和徽号，并借以和其他族区分开来。在熟悉这些族的人们中间，经常指图呼名，这些图形通过族名的环节，与语言中代表这些事物的词就牢固地联系起来，约定俗成地变成了文字，原始社会，可能已有上百个或上千个不同的图腾标记陆续转成文字。

陇川拱瓦寨曾搜集到两件称为"鬼粧"的原始的表意性图画。"鬼粧"一公一母，共两个。据景颇族老人及作者本人解释，其大意为："公粧"所绘都是男子所要的东西，如弹弓、弹丸是男子打鸟的工具；水塘、水渠、鱼、蛙、螃蟹，都是水田的象征，而管理水田正是男子的工作；牛是景颇族人喜爱的家畜，看管牛群也主要是男子的事情。"母粧"所绘则都是妇女所要的东西，如项圈、耳饰都是妇女们喜爱的饰品；各种瓜菜、苞谷、棉花等旱地作物，都是妇女的收获物，管理旱地是妇女的主要任务。总的说来，其目的就是希望当年"五谷丰收，六畜兴旺"。

四、从原始记事到汉字的产生

原始记事方法的使用，在一定历史时期，适应了人们生产和生活的需要。随着社会的进一步发展，社会交际日益频繁、日益复杂，那些原始的记事方法，已不能适应人们交际的需要。人们迫切需要一种能表达语言而把客观事物和思想准确详尽地记录下来的工具。于是，先民们凭着长期使用各种记事方法所积累的经验，借鉴原有的标记方法，收集各种记事符号和图像，加以吸收、调整，并创造出更多新的符号和图像，来代表语言成分，形成了一系列有音有义的形体符号，如此，作为记录语言符号的文字就出现了。

仓颉，相传为中国原始社会后期轩辕黄帝的左史官，是一位介于神话与传说之间的人物，是一古之神圣者。史书说："仓帝生而能书。及受河图录字，于是穷尽天地之变，仰观奎星圆曲之势，俯察龟纹鸟羽山川指掌而创文字。天为雨粟，鬼为夜哭，龙乃潜藏。"

黄帝统一华夏后，结绳记事的方法满足不了时代发展的需求，命他设法造字。于是，仓颉在当时的洧水河南岸的一个高台上造屋住下来，专心致志地造起字来。可是，他苦思冥想，很长时间没造出字来。有一天，天上飞来一只凤凰，嘴里叼着一件东西掉了下来，正好掉在仓颉面前，仓颉拾起来，看到上面有一个蹄印，可仓颉辨认不出是什么野兽的蹄印，就问正巧走来的一个猎人。猎人看了看说："这是貔貅的蹄印，与别的兽类的蹄印不一样，别的野兽的蹄印，我一看也知道。"仓颉听了很受启发。他想，万事万物都有自己的特征，如能抓住事物的特征，画出图像，大家都能认识，这不就是字吗？于是仓颉仰观奎星环曲走势，俯瞰龟背纹理、鸟兽爪痕、山川形貌和手掌指纹，从中受到启迪，根据事物形状创造了象形文字，其开创了中华文明之基，后被尊奉为"文祖仓颉"。

第二节　汉字的性质与结构

一、世界上文字的基本类型及其特点

世界上的文字，就其发展的一般情况来看，大致可以分为表意和表音两种基本类型。

表意文字是用字形直接或间接地表示字义的文字类型。其中又有形象表意和符号表意之分，形象的表意字即我们通常所说的象形字和比形会意字，它通过字形直接标示字义；而符号表意字的表意手段不是直观图形，而是约定的符号，通常所说的指事字及比意会意字即属此类，总之，表意文字具有如下特点：一是字形与字义有密切联系，因形示意，意寓形中。无论是直观图形，还是抽象的符号，都可以据其形体推测其所表示的意义。二是字形并不标示字音，从字形不能推断字的读音。一种形体往往不限于与一种读音挂钩，同一个形体在不同地方有不同的读音，所以，它具有超时代、超方言的性质，最适合于书面语。有人把它称为"视觉文字"。

表音文字是用字形符号直接表示字音的文字类型，它又包括音节文字和音位文字两类。音节文字是指用一个符号表示一个音节的文字，有的以符号表示语音结构的一个音节，如亚述——巴比伦文字；有的只以符号表示音节，如日语假名；有的只能以符号表示孤立的元音或辅音加元音的音组。音位文字则是指用一个符号表示言语中的单个的音位或音素的文字，如希腊文字、拉丁文字、俄罗斯文字、阿拉伯文字。无论是何种表音文字，它们都有一个共同的特征：观其形即可知其音，因为字形符号与字音的联系是直接的，而它并不直接表示字义。这类文字最适合口头语，有人把它称为"听觉文字"。

二、近百年来关于汉字性质的讨论

汉字的性质是一个文字类型学方面的命题，近百年来，语言文字学界就这个问题展开了热烈的讨论，自 20 世纪 30 年代起，一些学者在接受西方语言学家有关文字类型划分理论并重新认识和进一步研究汉字的特点的基础上，探索汉字性质，提出了多种说法。

（一）"表意文字"说

早在 30 年代，学者们普遍认为汉字属于表意性质的，他们把汉字的属性定名为"象形文字"或"表意文字"。此后，这种观点在相当长一段时间内比较流行。在通行的教科书和语文工具书里，一般都持这一认识，如《辞海》"表意文字"条下云："用一定体系的象征性符号表示词或词素的文字，不直接或不单纯表示语音，通常把古埃及文字、楔形文字和汉字看作表意文字。其是文字发展中的表形文字和表音文字中间的一个阶段。"

至 50 年代，学者们进一步认识到小篆及其以前的汉字是"象形文字"，隶书及其以后的汉字是"表意文字"。蒋善国在其《汉字的组成和性质》一书中说："在隶变以前，全部汉字都是属于象形文字的体系，过去所说的'六书'没有一书不是象形文字。……在隶变以前，汉字是象形兼表意的；在它以后，汉字变成了表意兼表音的了，把整个象形文字的形体转化了，失去了象形文字的作用。这是个大转变，结束了汉以前的象形文字，展开了汉以后两千年来的隶楷形体。"

近年来，有的学者提出了"商周文字是以图形式文字为主体的表意字""从春秋中期到秦的文字是以形声字为主体的表意字""从汉代一直到现在的文字是以记号为主体的表意字"的观点。

（二）"意音文字"说

50 年代后半期，有的学者在对文字发展的一般规律进行深入探讨的过程中，对汉字的性质有了新的认识，提出了汉字不是"表意文字"，而是"意音文字"的论点。最早提出这种学说的是周有光先生。他把文字发展按照表达方法分为三个阶段：表形兼表意阶段，表意兼表音阶段，拼音阶段。他认为汉字属于表意兼表音的文字，他说："综合运用表意兼表音两种表达方法的文字，可以称为'意音文字'。汉字就是意音文字之一种，在甲骨文里，象形字就有一部分已经不很象形；一到隶书，所有的象形字除非追溯来源就无法再认出原来事物的形状。甲骨文当中除象形、指事和会意字以外，已经有不少假借字和形声字。假借字是脱离原义的音符。形声字是音符声旁和表示意义范畴的类符形旁、部首的结合。在汉字的发展过程中，表意符号（包括指事、会意和不象形的象形字）的比重相对缩小，表意兼表音的形声字成为全部文字的主体。汉字字典里形声字的比重很早就达到 90% 以上了。从甲骨文到现代汉字，文字的组织原则是相同的，也就是说，我们的文字在有记录的三千多年中间始终是意音制度的文字。古今的不同只是在形声字的数量和符号体式的变化上。"

80 年代以来，有学者支持此说，并进行申述。裘锡圭先生指出："汉字在象形程度较高的早期阶段（大体上可以说是西周以前的阶段），基本上是使用意符和音符（严格说应该称为借音符）的一种文字体系；后来随着字形和语音、字义等方面的变化，逐渐演变成使用意符（主要是义符）、音符和记号的一种文字体系（隶书的形成可以看作这种演变完成的标志）。如果一定要为这两个阶段的汉字分别按上名称的话，前者似乎可以称为意符音符文字，或者像有些文字学者那样把它简称为意音文字；后者似乎可以称为意符音符记号文字。考虑到这个阶段的汉字里的记号几乎都由意符和音符变来，以及大部分仍然由意符、音符构成等情况，也可以称这个阶段的汉字为后期意符音符文字或后期意音文字。

（三）"表音文字"说

早在学界开始探究汉字性质问题之初，就有个别学者认为汉字是"表音文字"，刘大白在其《文字学概论》中指出："中国的汉字是单音节词表音文字。" 70 年代末，有的学者又重新提出汉字为"表音文字"说。1979 年，吉林大学古文字研究室有人撰文指出："古代汉字，就其文字符号的来源说，也就是从其构形原则来说，它是从象形符号发展而来的。但是，从它的发展阶段来说，它已经脱离了表意文字的阶段，而进入了表音文字的阶段。也就是说，这种文字，并不是通过它的符号形体本身来表达概念，而是通过这些文字所代表的语音来表达概念。绝大多数的古文字，其形体本身与所要表达的概念之间，并无任何直接的联系。"他们认为，纯表音的假借字在最早的成体系的汉字甲骨文中是使用频率最高的，也是数量最多的，它占了全部文字的 90% 以上，所以，"从它（甲骨文）所处的发展阶段来说，只能是表音文字，而不是什么表意文字（或象形文字）"。后来，姚孝遂先生又进一步阐述了这个观点。他说："古汉字，包括最早的、成体系的甲骨文字在内由于其有了固定的读音，它已发展到了表音文字的表音节阶段。

也就是说，这种文字符号已具备了语音符号的性质。”在他看来，古汉字是“表音节的表音文字”。

汉字为“表音文字”的观点得到了不少学者的支持。周大璞先生据汉字的假借现象而申论了这一学说，他在《假借质疑》一文中指出：“假借的出现，表明汉字已经由象形的图形开始变成表音的符号，这是汉字发展史上从象形表意阶段向表音阶段过渡的开始。”崇冈先生赞同“表音文字”说，并认为汉字是“特殊性质的表音文字”，他说：“汉字是表形的，还是表音的？文字学家明确指出，汉字早已越过了文字史上的象形阶段，进入了表音阶段。汉字虽然不是以音素为单位的拼音文字，却是以音节——词素为单位的特殊性质的表音文字。”

（四）“词文字”说

几十年以前，国外的某些语言学家就提出了“词文字”的名称。30 年代，布龙菲尔德在《语言论》中把汉字符号的类型称为 Word Writing，这一名称袁家骅等先生译为“词文字”；50 年代，美国学者 I. J. Gelb 提出了“词——音节文字”说（Word-Syllabic Writing）。

1984 年，王伯熙先生进一步阐述汉字为“拼符的表音文字”。王先生既不赞成表意说，也不赞成表音说，他说：“和表音文字并称的表意文字，是不妥当的说法。因为表音文字所记写的音节、音素，是脱离了意义的、独立的纯语音；而所谓表意文字所记录的并非离开了语音的、独立的纯语义，所记写的永远是粘着语音的语义。”“汉字也不是什么表音节的表音文字。汉字字符所记录的不是单纯音节，古老的汉字，其符号体系和形体结构是很有趣、很有特色的。汉字有超方言性，若是表音文字，其超方言的性质就是不可想象的。”因此，他从汉字所记录的语言单位的角度进行分析，得出了汉字是“拼符表音文字”的结论：“汉字所记录的语言单位主要是词和语素；记录语言的方式主要是记音标义，还有记义传音和记音传义；其符号形式，古汉字是象形符号及象形符号组合，现代汉字是方块符号组合。所以，小篆以前的古代汉字是一种象形拼符表音文字；汉隶以后现代汉字是一种方块拼符表音文字，或者也可以说现代汉字是一种方块拼符语素文字。”

高明先生也认为汉字是“音节词字”，他在其《中国古文字通论》中说：“由于汉字中同音节的字数甚多，意义的区分就比较重要，这一特点在其他文字中是很少有的，汉字不仅每字各代表一个音节，而且具有独立的词义；所以应该把它区别于一般的音节文字，而称之为‘音节词字’。”

（五）“语素文字”说

赵元任先生在《语言问题》一书中谈到语言与文字的关系，他说：“用一个文字单位写一个词素，中国文字是个典型的最重要的例子。”由此，国内学者也开始倡导语素文字的说法，并进行了进一步的探讨。

1983 年，尹斌庸先生发表了题为《给汉字“正名”》的文章，明确地把汉字称为“音节—语素文字”，简称为“语素文字”。他说:“近年来，汉语语法学界引入了‘语素’这一概念。所谓语素，就是语言中语音和语义结合的最小单位。汉语中绝大部分语素是单音节的。语素独立使用时就是词（单纯词），不独立使用时就是词素（合成词的构词成分）。以汉字来说，一个汉字可以表示一个语素，如‘鸟’；也可以表示两个或两个以上的语素，如‘花’（‘花草’的‘花’，‘花钱’的‘花’）。已出现频率累计达百分之九十九点九以上的四千个汉字来统计，这些汉字代表了不到五千个不同的语素，平均每个汉字约代表一点二个语素。四千个汉字中约有百分之九十的汉字是一个字代表一个语素。因此，从平均数和众数的角度来看，我们都可以说，一个汉字又表示一个音节，因此，综合上述理由，我们建议把汉字定名为音节——语素文字，或简称为语素文字。这一名称较好地反映了汉字的本质特点。”

裘锡圭先生在认为汉字为“意音文字”的同时，对“词文字”和“语素文字”进行了新的探讨，发表了富有建设性的意见。他在《汉字的性质》一文中指出:“在今天，一个汉字往往只是一个语素的符号，而不是一个词的符号。这是有些人不愿意把汉字叫作词文字，而要叫作语素文字的原因。按照这种考虑，词——音节文字这个名称也可以改为语素——音节文字。”“音素、音节、语素，是语言结构系统里由低到高的不同层次。我们可以把语素文字解释为字符属于语素这个层次，也就是说，字符跟语素这个层次发生关系而跟音素、音节这两个层次没有关系的文字；语素——音节文字可以解释为既使用语素这个层次的字符，又使用表示音节的字符的文字。”在裘先生看来，汉字不应该简单地称之为“语素文字”，而应该称为“语素——音节文字”。

以上关于汉字性质的讨论，其实是从两个不同的角度进行的。前三者着眼于汉字字符本身的特点，即汉字字形与字义或字音的联系。后二者则着眼于汉字所记录的语言单位。

二、汉字的结构

关于汉字的结构，传统有“六书”的说法。“书”古代指写字，也指写下的字，故“六书”从字面上讲就是六种字的意思。“六书”之称，最早见于《周礼·地官·保氏》:“保氏掌谏王恶，而养国子以道。乃教之以六艺:一曰五礼，二曰六乐，三曰五射，四曰五驭，五曰六书，六曰九数。”至于六书的细目，到汉代才有记载，汉代记述六书细目的有三家:一为郑众，《周礼·地官·保氏》注中引郑众的话:“六书：象形、会意、转注、处事、假借、谐声。”一为班固，其在《汉书·艺文志》中云:“周官保氏，掌养国子，教之六书，谓象形、象事、象意、象声、转注、假借，造字之本也。”一为许慎，其《说文解字·叙》

说:“周礼八岁入小学，保氏教国子，先以六书。一曰指事，指事者，视而可识，察而可见，上、下是也;二曰象形，象形者，画成其物，随体诘诎，日、月是也;三曰形声，形声者，以事为名，取譬相成，江、河是也;四曰会意，会意者，此类合谊，以见指抽，武、信是也；五曰转注，转注者，建类一首，同意相受，考、老是也；六曰假借，假借者，本无其字，依声托事，令、长是也。”不仅指出了六书各书的名称，还给每一书下了定义，举了例子。据唐兰先生考证，三家之说同出于一源，因为班固的《汉书·艺文志》是根据西汉末古文经学大家刘歆的《七略》删节而成的，所列六书名目、次序也应本于刘歆所述，而郑众、许慎的学术师承又与刘歆有渊源关系，郑众之父是刘歆的学生，许慎之师贾逵的父亲贾徽也是刘歆的学生。然而三家的细目有两点不同：一为指事、会意、形声的称谓不同，二为各书次第不同。后世研究者认为，称谓不同反映三家对这三书的认识大概有差别，各书次第不同反映三家对各种字产生的先后可能有不同的看法。后人在阐述六书理论时，多依朱宗莱的主张，从许慎六书的名称而遵班固六书的顺序，即象形、指事、会意、形声、转注、假借。汉代三家，只有许慎为六书下有定义，故要正确理解古人的六书说，必须弄清许慎六书说的原意。

第一象形

许慎《说文解字·叙》说:“象形者，画成其物，随体诘诎，日、月是也。”意思是说，象形字就是字形画成字义所表示事物的形状，随着物体的外形而曲折字的笔画，“日”“月”就是这种字，日字篆文像太阳形，中间一短横是填空隙的饰画，无实义；月字篆文像弦月形，中间一画，也是饰画。如考察商周文字，二字象形程度更高。

第二指事

许慎《说文解字·叙》说:“指事者，视而可识，察而可见，上、下是也。”意思是说，指事字一看就可以认识，仔细观察就能发现它的意义，“上”和“下”就是这种字。

第三会意

许慎《说文解字·叙》说:“会意者，此类合谊，以见指捞，武、信是也。”意思是说，会意字是并列字类即两个以上的字，会合它们的意义，来表达该字义所指向的事物，“武”“信”就是这种字。

“武”字篆文由止戈二字组成，许慎引《左传·宣公十二年》中“止戈为武”，把“武”的本义解释为制止干戈（制止战争）。“信”字，由人言二字会合成意，许慎释其本义为诚实，人言必须诚实。

第四形声

许慎《说文解字·叙》说:“形声者，以事为名，取譬相成，江、河是也。”意思是说，形声字是用与字义所表事物有关的字来做形符造字，取比拟新字读音的字（读音与新字相同或相近的字）来跟它合成新字，“江”“河”就是这种字。

“江”字，许慎认为其本义是长江，“从水，工声”。“河”字，许慎认为其本义是黄河，

“从水，可声”。二字是用与其字所表事物的义类“水”字做形符，分别取音同音近字“工”和“可”做声符来配合完成的。

第五转注

许慎《说文解字·叙》说：“转注者，建类一首，同意相受，考、老是也。”

第六假借

许慎《说文解字·叙》说：“假借者，本无其字，依声托事，令、长是也。”意思是说，假借字是语言中词义本来没有表示它的字，就根据读音去找一个音同或音近的现成字来寄托这个词的词义，“令”“长”就是这种字。

第三节 汉字的形体：古文字

汉字的产生和发展已有几千年历史，经历了一系列演变，包括文字结构和文字形体的变化。这种变化不仅与时代的变迁有关，也与国家地区、书写材料、文字用途的不同有关。

汉字的形体，指出现在不同历史阶段并被广泛运用的不同字符形体，即通常所说的字体。所谓真、草、隶、篆，就是对历史上各种不同字体的概括称谓。研究若干重要时代和地域的独具特色的典型字体，对于了解汉字的演变，从而揭示汉字历史发展的规律，是十分重要的。汉字形体的发展以秦隶为分水岭，一般分为两个阶段：隶书以前的文字统称为古文字，包括甲骨文、金文、古文、大篆和小篆；隶书以后的文字统称为今文字，包括隶书、草书、楷书和行书。

古文字依据时代的先后，可区分为原始文字、殷商文字、西周春秋文字和战国文字。按照不同的书写材料，又可区分为甲骨文、金文、陶文、玉石文、简帛文、玺印文、货币文，下面以字体为主体，兼顾时代、地域和书写材料，分为甲骨文、金文、六国古文、秦系文字，逐一介绍。

一、甲骨文

（一）甲骨文的名称

甲骨文是殷商时代的代表文字，是迄今为止我国发现的最古老而又比较成熟的文字。由于这种文字是契刻在龟甲、兽骨或牛肩胛骨之上，故称之为“甲骨文”。

商人，或称殷商，迷信神鬼，凡事必先占卜吉凶，其内容包括社会生活的各个方面，如祭祀、战争、农事、渔猎、出入、风雨、年成、疾病、生育等。东汉许慎《说文解字·卜部》云：“占，视兆问也，从卜从口。”“卜，灼剥龟也，象炙龟之形，一曰像龟兆之徒（纵）

横也。”指的就是卜人依据用火烧灼甲骨所坼裂成的裂痕来卜问。具体方法是把龟腹甲、龟背甲、牛胛骨经过一定的修整，磨刮平整，使其成固定的形状，而后在背面用锋刃器挖出圆形的钻窝和梭形的凿槽，卜者用火烧灼已制好的钻凿处，甲骨的正面就会出现不同形状的裂纹。竖的裂纹称为“兆干”，横的裂纹称为“兆枝”。兆干、兆枝像个攴字，故又称为“卜兆”。占卜之后，卜人根据裂纹的不同形状来判断吉凶祸福，并将所卜内容用文字契刻在甲骨上。因为甲骨文主要内容是占卜的记录，所以甲骨文又称为“占卜文字”“卜辞”“贞卜文字”。

甲骨文最早的发现地在“殷墟”，即今河南省安阳市城西北五里洹水南岸的小屯村。这就是《史记·殷本纪》引《竹书纪年》记载“盘庚迁殷，至纣之灭，二百七十三年，更不迁都”的晚商都城殷的所在地。商朝原建都于亳（今山东曹县南），后经多次迁移。最后，商汤的第九代孙、商朝的第十九个王盘庚迁都到殷。至秦汉时，殷都遗址已成废墟，故称“殷墟”。在这一地区发现的甲骨文，也有的称为“殷墟甲骨文”“殷墟卜辞”“殷墟书契”；又因为这些文字多系刀刻，也有人称为“契文殷契”“骨刻文字”。

不仅殷商有甲骨文，西周、春秋时也有甲骨文。特别是1977年在陕西扶风、岐山两县间的周原遗址中发掘出大批周代甲骨，引起国内外学者的极大关注。在西周遗址发现的甲骨文称为“西周甲骨文”“周原卜甲”。

（二）甲骨文的发现

殷商甲骨文发现于清末光绪年间，最早挖掘出土者是河南安阳小屯村即“殷墟”的农民。《洹洛访古游记》罗振常说：“此地埋藏龟骨，前三十余年已发现，不自今日始也。谓某年某姓犁田，忽有数骨片随土翻起，视之，上有刻画，且有作殷色者，不知为何物。……其极大甲骨，近代无此兽类，土人因目之为龙骨，携以视药铺。……购者或不取刻文，则以铲除削之而售。其小块及字多不易去者，悉以填枯井。”可见甲骨文未及问世，刻有甲骨文字的“龙骨”已大量被毁弃。

甲骨越掘越多，后经古董商人之手，逐渐流散到北京、天津等地，引起学术界高度重视。最早发现和鉴定甲骨文字的，一说是王懿荣，一说是王襄和孟广慧。

据汐翁的《龟甲文》说：光绪二十五年（1899），国子监祭酒王懿荣患病，太医的处方有一味药是“龙骨”，家人到宣武门外菜市口老药房“达仁堂”买药回来，王懿荣发现“龙骨”上刻有一种似篆文但又非篆文的文字，王氏是有名的金石学家，精通铜器铭文，立即派人到“达仁堂”药店以每字二两银子的高价把有字“龙骨”全部买回。经过王氏等学者的精心研究，初步断定甲骨上的刻文是一种年代久远的古文字。

另一种说法是：光绪二十四年（1898），古董商人范维卿带甲骨到天津，拿给穷秀才王襄和孟广慧看，王、孟二人认为甲骨上的文字当是古代的一种契刻文字。次年，范某又携带甲骨去天津，王、孟各购得一些小块。其余大块750公斤，均为王懿荣重金收购。可以认为，孟广慧、王襄和王懿荣都是最早发现和搜集甲骨文的人。

据《清史稿·王懿荣传》记载：王懿荣（1845—1900），字正孺，又字廉生，山东福山人，光绪六年（1880）进士。二十一年担任国子监祭酒。二十六年义和团运动兴起，他兼任团练大臣；是年秋，八国联军攻陷北京，王与妻子一同投井自尽。后追赠侍郎衔，谥文敏。王氏生平“泛涉书史，嗜金石，翁同龢、潘祖荫并称其博学”。

西周甲骨文的发现，是新中国成立后考古学界的一大收获。

1954 年 10 月，在山西洪赵县坊堆村首次发现西周甲骨文，其后又在北京昌平区的白浮，陕西西安市长安区的沣镐遗址，扶风、岐山两县间的周原遗址陆续出土。周原所出数量最多，岐山凤雏一地两次共发掘出西周卜甲约 145 公斤，这些卜甲残片面积很小，与现在的一分或二分硬币相仿，上面所刻文字小如粟米，要用五倍以上的放大镜才能辨清字迹，可见当时刻工技艺的高超和精细，这在微雕史上也是一大奇迹。西周甲骨有不同于商代甲骨的特点，如卜甲上的凿是方形的，《周礼·卜师》说周的卜甲有“方兆”正是指此。西周甲骨文的发现为研究西周的社会和历史提供了宝贵的资料，对研究汉字的演变也是十分重要的。

（三）甲骨文的研究

自殷商甲骨文字发现以来，一些学者孜孜不倦地对它进行了深入的考证和研究。

《老残游记》一书的作者、古文字学家刘鹗（字铁云，1857—1909）将当时收集到的甲骨文拓本编辑出版，书名《铁云藏龟》，在《自序》中说甲骨文是“殷人的刀笔文字”。这是著录甲骨文拓本的第一本书。

1904 年，孙诒让（1848—1908）根据《铁云藏龟》一书的资料，“究两月力”，写成《契文举例》一书。这是第一部考释甲骨文字的专著。

刘、孙二人对甲骨学有开拓之功。此后，甲骨文的重要学术价值渐渐为人们所认识，研究的学者也越来越多，其中最著名的是被学术界称为“四堂”的罗振玉（号雪堂）、王国维（号观堂）、郭沫若（号鼎堂）、董作宾（号彦堂）。

罗振玉（1866—1940），字叔蕴，又字叔言，晚号贞松老人，浙江上虞人，公认为甲骨学的奠基人，他的第一个成就是确定了甲骨文的出土地点为安阳之小屯村。第二个成就是进一步确定甲骨文的时代是殷商。第三个成就是收集并考释甲骨文字并促进其刊布流传。其著录甲骨文的专著有《殷墟书契前编》《殷墟书契菁华》《铁云藏龟之余》《殷墟书契后编》《殷墟书契续编》；其考释甲骨文的专著有《殷商贞卜文字考》《殷商书契考释》等。

王国维（1877—1927），字静安，一字伯隅，浙江海宁人。少从罗振玉学。他的最大贡献是首创以甲骨卜辞证史。1917 年初，他写成《殷卜辞中所见先公先王考》及《殷卜辞中所见先公先王续考》两文，依据出土甲骨文字考证了殷代先公先王的名号、世系和称谓，证明《史记·殷本纪》所载大体可靠，同时也纠正了其中个别世系错误。

把甲骨文的考释和殷商历史结合起来进行研究，开辟了史学研究的新天地。他在甲骨文考释、断代和缀合等方面也有很大成就。

郭沫若（1892—1978），原名郭开贞，四川乐山人。他是第一个运用辩证唯物主义和历史唯物主义立场、观点研究古文字的学者，在甲骨文的搜集著录、分期断代、文字考释、断片缀合等方面都有卓越的成就，其主要著作有《甲骨文字研究》《卜辞通纂》《殷契粹编》等。此外，在《中国古代社会研究》等著作中，也有许多关于甲骨文的论述，奠定了科学的甲骨文研究的基础。他晚年主编的《甲骨文合集》，是中国第一部甲骨文资料总集。

董作宾（1895—1963），原名作仁，号平庐，河南安阳人。他是<政治性差错>历史语言研究所的专任研究员，多次亲身参加殷墟甲骨的挖掘与整理，接触第一手甲骨文资料，并著录成书，如《新获卜辞写本》《殷墟文字甲编》《殷墟文字乙编》（上、中、下）。他最大的贡献是建立了甲骨文分期学说，首先提出由贞人推断甲骨文的时代。他1933年发表的《甲骨文断代研究例》提出了五期分法（武丁，祖庚、祖甲，廪辛、康丁，武乙、文丁，帝乙、帝辛）和十项断代标准（世系、称谓、贞人、坑位、方国、人物、事类、文法、字形、书体），数十年来基本为甲骨学界所遵循。

除“四堂”之外，我国老一辈的学者如陈梦家、于省吾、唐兰、胡厚宣、容庚、商承祚、杨树达等，都对甲骨文的研究做出了重大贡献。据统计，到目前为止，各种甲骨文论著在30(8)种以上。

（四）甲骨文在文字学上的价值

甲骨文是我国迄今发现的最早的成体系的文字。它的发现使古文字学进入一个崭新的时期，在文字学史上具有特殊的意义，高亨先生曾说：“吾人生今之世，得见数千年前之遗文，可谓厚幸。据此遗文，可以补正《说文》之阙误，可以作金石文之印证，可以推究殷代之历史。……地下材料如此丰富，研究成果如此巨大，可谓开古文字学及商代史之新纪元。甲骨文价值之高，影响之大，于此可见矣。”具体说来，其价值主要是：

1. 提供了前所未有的丰富而又系统的古文字资料

长期以来，很多古文字学家虽知《说文》所录之篆文、籀文并非最早的文字，想突破《说文》的藩篱，寻求考释古文字的新途径，但因材料有限，不可能有大的进展。甲骨文的问世，在古文字学家面前豁然洞开了一片新天地，使古文字研究领域产生了一次大飞跃。学者们把甲骨文、金文、篆文进行比较研究，既弥补了金石学、《说文》学的不足，纠正了一些谬误（这种例证很多），又给其中很多科学性的理论提供了有力的证据。例如《说文》分析汉字所得出的六种条例（“六书”），在甲骨文中都可以找到实例。

2. 为建立科学的文字学体系奠定了坚实的基础

首先，通过对甲骨文的研究，逐步明确了文字学的范畴。过去的金石学、《说文》学，在一定角度上来说，或者是经学的附庸，或者未能摆脱从属于历史学的地位。但研究甲骨文时，要从考释字形入手，以识字为先，这样，许多老一辈文字学家在实践中便证实了这样一个道理：文字研究的本体是字形。例如，于省吾强调考释文字要“以形为主”，“以文字的构形为基础”（《关于古文字研究的若干问题》）。唐兰也说：“文字学研究的对象，只限于形体。”（《中国文字学》）这就把作为文字学重要组成部分的古文字学彻底解放出来，成为一门独立学科，使之沿着自己的研究方向健康地发展。

其次，通过对甲骨文形体结构的研究，通过对其内部规律的探索，揭示了这一古老汉字体系的特点，对认识汉字的起源、汉字的性质等问题有重要意义，对推进科学的汉字学的发展，产生了积极的影响。

最后，甲骨文在汉字漫长的发展历史上具有极重要的地位，是汉字发展过程中的一个重要阶段，通过它可上溯汉字源头，下考汉字流变，和后来的金文、小篆、隶书乃至今天使用的楷书和行书形体相比较，可以看出一脉相承的轨迹和发展演变的规律，是汉字发展史研究的桥梁。可以说，没有甲骨文研究便没有科学的汉字学。

二、金文

金文是指先秦时期铸刻在青铜器上的文字。青铜是铜和锡的合金，古人称铜为金，故名“金文”，其实为铜器铭文的简称。古代以祭祀为吉礼，把祭祀用铜器称为吉金，故有的学者称金文为“吉金文字”。古代青铜器中，以乐器钟和礼器鼎最富代表性，所以有的学者又称其为“钟鼎文”。古代青铜礼器通称彝器或尊彝，对某些不能恰当定名的青铜器，也往往泛称为彝，所以有的学者又称其为“彝器文字”或“钟鼎彝器铭文”。金文通常先用毛笔写好，再刻在模子上用以铸造。其字凹下去者为阴文，也叫款，款是空的意思；凸出来者为阳文，也叫识，识是标志的意思；合称款识，故金文也称为“彝器款识”。

典籍和地下考古资料证明，我国在夏代以前已开始铸造和使用青铜器。迄今为止，所发现夏代以前的铜器有铜铃、铜刀等。铸有铭文的先秦铜器历代都有发现，至今已出土超出万件，其铸造时代从殷商一直到战国，而以商、周时代为多。据容庚《金文编》载，金文已识字共 2420 个，未识的字有 1352 个，共计 3722 个，这个数字当与实际情况相差不会太远。

（一）商代金文

商代金文和甲骨文属于同一体系的文字，只是由于所用的材料和制作方法的不同而各具特点：商代金文笔形圆润肥厚，显得庄重正规，有许多笔画由块面构成，显出浓厚的图画和原始性，在比较庄重的场合使用，是当时的正规字体；而甲骨文则线条瘦劲，笔画多方折，比金文显得草疏，是日常使用的俗体文字。

现存有铭文的青铜器，最早属于商代中期，只有很少几件，铭文都限于两三字。商代晚期，铭文一般仍很简短，多为一字或两三字，内容为器主的族氏，做器者的名字或受祭祀先人的称号。记族氏的，多为族徽字，源自图腾崇拜。其中最著名的是后母戊鼎，重 875 公斤，是迄今发现的最大的青铜器，鼎腹铸有“司母戊”三个字，是商王武丁为祭祀其母而铸造的。至殷商晚期的帝乙、帝辛时期才开始出现三四十字的较长铭文，但未发现有超过 50 字的。

（二）西周金文

西周自武王克殷至平王东迁雒邑（今河南洛阳附近），历经 250 余年。以西周金文为代表的这个时期的汉字，上承殷商金文，下启春秋金文，是汉字发展史上值得重视的过渡阶段，也是古文字走向成熟的重要时期。西周的正规字体是青铜铭文，已发展到全盛时期，内容由单纯记名发展到记事，百字以上的铭文已经习见。例如，成王时的《令彝》187 字，康王时的《大盂鼎》291 字，宣王时的《毛公鼎》更长达 497 字，是迄今所见字数最多的铜器铭文。1994 年山西曲沃北赵晋侯墓出土刻铭 355 字的周厉王三十三年的晋侯苏编钟，是近年西周考古的重大发现。这类铭文内容极为丰富：册命赏赐，征伐铭功，祀典诰命以至诉讼契约，都在记录范围之内。例如《利簋》记述武王牧野之战获胜的经过，《史墙盘》是典型的颂祖之文，《虢季子白盤》记与玁狁的战争，《盂鼎》记策命和赏赐，《卫禾鼎》记玉器、毛皮与土地的交易，《散氏盤》记土地交易和转让，《毛公鼎》记周王诰诫及褒赏臣下等等。

（三）春秋金文

春秋时期王室衰微，诸侯争霸，各诸侯国势力逐渐强盛，其中齐、晋、楚、秦等国都曾称霸一方，形成各自的势力范围和不同风格的区域文化，在文字上的表现，就是开始出现了文字书写和布局的不同倾向。春秋金文多铸刻在列国诸侯和卿大夫所铸造的铜器上。春秋初期的金文几乎都沿袭西周晚期金文的体制，字形没有显著的差别，到了中期尤其是后期，诸国文字不同的风格和特点就比较显著了，突出的有：一是长条化、整齐化倾向。故意把每个字形都拉长，使整篇铭文呈现明显纵势的格局。二是装饰化、美术化倾向。这突出地体现在江淮流域的吴楚诸国金文中。有的在线条中段附着“块状”的粗笔为装饰，笔画也带有造作夸张的意味。有时还附加与文字构形无关的陪衬性线条。有的改造原有笔画使之成为鸟的形状，或在原有字形上加饰鸟形，这就是引人关注的“鸟书”，当时主要流行于楚、宋、吴、越等国，多见于矛、戈等兵器上。江淮一带曾是以鸟为图腾的东夷、淮夷的活动区域，这一带出现的鸟书文字可能是鸟图腾的遗存。以上说的这些装饰性、美术性很强的字体，在历史上只是一种特殊的书法倾向，可能也只限用于特殊的场合，只出现在少数地区或个别种类的器物上，并不是这个时代金文发展的主流。从总体上考察，春秋金文还是沿着西周金文的发展方向继续前进，而战国文字大分化的现象在春秋晚期就已初具规模了。

（四）战国金文

战国时期，秦与东方各国的文字分化大大加剧，形成秦系文字和六国文字的两大系统，这时的各国金文自然也就各具其系统所属文字系统的特色。

三、六国古文

六国古文，又称东方六国文字，简称古文，是我国战国时代东方齐、楚、燕、韩、赵、魏等国文字的合称。秦统一六国后，为了巩固政治上的统一，规定以秦的字体做规范，“罢其不与秦文合者”，在东方通行的六国古文由此绝灭。但当时有些学者把用六国古文书写的书籍隐藏起来，到汉惠帝四年（191）废除“挟书令”后，这些旧书重现于世，如北平侯张苍献《春秋左氏传》，武帝时鲁恭王坏孔子宅而得《礼记》《尚书》等数十篇，都是用六国古文写的书籍。王国维《史籀篇疏证序》指出：“壁中古文者，周秦间东土文字也。”这就是说，“古文”本指汉代发现的古文经书上的文字，今人则专门用来指称战国时代的六国文字。六国文字歧异纷呈，千姿百态，从文字发展的历史来看，正是六国文字歧义的特点，从侧面促进了秦朝对文字的统一和改革。如果说商代文字可用甲骨文为代表，西周、春秋时期文字主要以金文为代表，那么六国古文的材料就比较多样了，有简帛文、金文、货币文、古玺文、陶文、玉石文，还有《说文解字》与《三体石经》中的古文，下面分别介绍。

（一）简帛文

简帛文是简文和帛文的合称。简，指狭长的竹简或木片。帛，指未经染色的丝织品，也称缣或缯。简帛文，就是写在竹木片或缣帛上的文字。在纸的发明并普遍应用之前在一个相当长的历史时期内，简、帛曾是人们主要的书写材料。

简文至迟在商代已经有了。《尚书・多士》载周公告诫殷遗民说：“惟殷先人有册有典，殷革夏命。”可见商代已有记录史事的典册了。甲骨文中已有“典”“册”二字，“册”像编连起来的竹木简；“典”像两手捧册的样子。这是商代已有简册的明证。但由于容易腐烂，故简文传世极少，至今仍未发现战国以前的竹简。

古代简册在历史上有过两次大发现：一次是前面提到过的西汉武帝在孔子故居墙壁中发现的所谓“古文经”。另一次是西晋武帝时在今河南省汲县古墓中发现的“汲冢竹书”。汲冢竹书由官府收藏，后经荀昂、和娇、傅瓒等人整理成书，有《穆天子传》《竹书纪年》等 75 篇，都是战国竹简。这些竹简的少部分字可能已收入《说文解字》和《三体石经》，其他均早亡佚。目前所见战国竹简，属于楚简的多，皆为新中国成立后出土。

从 1951 年至 1965 年在湖南长沙、河南信阳、湖北江陵，先后在战国中晚期墓葬中出土的三批竹简，共 800 余枚，计 420 余字；1997 年湖北随县擂鼓墩战国墓出土 20 多枚，计 6000 多字。楚简文字皆用毛笔书写，字体草率，体式平扁。

帛是优质书写材料，价钱昂贵，故帛书的应用不如简册普遍。《晏子春秋》说齐桓公封地给管仲，“著之于帛，申之以策，通之诸侯”，可见春秋时已有帛书出现了。

战国楚帛书，目前只发现一件，就是 1942 年湖南长沙东郊子弹库被盗掘出土的战国楚帛书，现藏美国纽约大都会博物馆。此帛书为长方形，出土时叠成八折，放在一竹匣内。帛书文字由三部分组成：中间是书写方向相反的两组字，一组 13 行，一组 8 行，四周是以旋转状排列的 12 段边文，每段各附有一神怪图形。内容涉及四时起源的神话传说及天象岁时吉凶，颇似历代术士所传“数术”之学，属于《汉书·艺文志》所称天文、杂占之类的著作。

简帛文字笔画两端尖峭，中间略粗，起笔和收笔处尖细，均不藏锋，近似科斗（蝌蚪），故自两汉以来，人们称之为“科斗书”或“科斗文”。

（二）六国金文

六国金文，指战国时东方六国及相邻小国铜器上的文字。战国已经开始进入铁器时代，古代青铜文化已近尾声，青铜礼器迅速衰落，礼器铭文明显少于春秋时代，而兵器铭文却大量增加。兵器铭文多直接用刀刻在兵器上，而不是铸于兵器上。“物勒工名，以考其诚”，记载督造的机构、官名和制器者名字，属典型格式。

（三）货币文

货币文，指铸在钱币上的六国文字，又称泉文；泉，即钱。春秋战国时代，由于商品经济的发达，商业城市的兴起，促进了货币的发展。春秋后期出现的铸币，到战国时得到广泛流通，列国各自铸造货币，形式、重量各不相同。其形式有布币，形似农耕具中的铁铲，布乃铸之假借字，主要流通于三晋；刀币，样子仿自手工作坊用的削刀，主要流行于齐、燕；圆钱，或圆廓方孔，或圆廓圆孔，主要流行于秦国。东方六国也有铸造，但主要流行于北方；金饼，又称饼金、印字金，是饼状或版状的黄金铸币，上多有戳记“郢再”“陈再”等字样；铜贝，又称蚁鼻钱，形似海贝。金饼和铜贝主要流行于楚。

（四）玺印文

玺印文，又称玺文，是铸刻在印章上的文字。秦代以前，玺是印章的通称，到秦始皇时才规定天子的印章称玺，臣民的印章叫印，因此，先秦的印章都叫古玺。迄今所见古玺，绝大多数是战国时代的遗物。古玺作阳文（习称朱文），或作阴文（习称白文），种类繁多，大体可分为两大类：一是官玺，主要刻记官名职事，“平阴都司徒”“庚都右司马”等等。二是私玺，主要是姓名玺，如赵均、高马重等。

（五）陶文

陶文，指刻或印在陶器上的文字。陶文之“陶”，本作匋《说文·缶部》：“匋，瓦器也。”后借地名之“陶”称之。陶文在各种器物铭文中，算得上是最古老的一个门类。在陶器上刻画文字，可以追溯到新石器时代的晚期。这里所谓陶文，是指战国陶器文字。战国陶文是晚清开始大量出土的，以河南登封市告成镇发掘和采集的较多，也较重要。现存战国陶文多属齐、燕、韩三国，有印模和刻画两类。印模陶文数量较多，其特点如玺印文，所用印有官印，也有私印。刻画陶文数量较少。

（六）玉石文

玉石文，指刻或写在石器、玉器上的文字。目前传世的玉石文珍贵资料有两种：一是中山国石刻，二是盟书。盟书是古代盟誓的誓词。《周礼·司盟》郑玄《注》：“盟者，书其辞于策，杀牲取血，加书于上而埋之，谓之载书。”故史籍称盟书为载书。所出土的盟书多是玉质，所以也有人称之为玉简。现所见的盟书有1965年在山西侯马出土的晋国侯马盟书，1982年在河南温县发现的温县盟书。侯马盟书质料为玉片和石片，多作尖首平足长条匕首形，出土近500片，能辨字迹的有650多片，辞文用毛笔书写，多为朱红色，盟书的出现时代一般认为是春秋晚期，但也有人认为属于战国早期。主盟人是赵简子，内容是他为巩固自己的宗党，团结争取更多的支持者，对政敌分化而进行的一系列盟誓的实录。

（七）《说文解字》和“三体石经”中的古文

东汉许慎《说文解字》一书中所收的古文，是汉代人所见的战国文字。古文主要采自“壁中书”及民间所献古文经，《说文解字·叙》云：“古文，孔子壁中书也。”《说文》的重文中可确定为古文的为429个，异体53个，共482个；其正文中可确定的古文仅有几个。这两项再加上据《说文》说解及《汗简》《玉篇》等字书所引可补出的20余字，共510个左右。许慎所见古文应当不止此数，《说文解字·叙》云：“今叙篆文，合以古籀。”其体例是：以小篆为说解字形的正字，古文与小篆结构相同者，不再列出；与小篆不同的，才作为重文附于小篆后，因此，《说文》中的古文，应包括重文与正字两部分。

该书所收古文有的同出土的六国文字相近，文字简易，变化较大。例如，禮作礼，堂作堂等等。但很多古文因屡经传抄，形体发生变异，失去了战国古文风格。

“三体石经”古文是三国时人所见的战国文字。石经是魏齐王曹芳正始二年（241）刊刻的，故也称魏石经、正始石经。原物共35石，用古文、小篆、汉隶三种字体对照刻写，内容为《尚书》《春秋》及《左传》之一部分，共有14.7万多字。在汉字发展史上，六国古文代表了支流，到了秦始皇统一中国，就被淘汰了。

四、秦系文字

秦系文字，指秦国自春秋至战国及秦统一中国以后秦王朝的文字。周平王东迁后，秦迁都于雍，承袭了西周故地，也承袭了西周的文化。因此，春秋、战国时的秦文字和西周文字是一脉相承的。秦统一了六国，结束了战国时期诸侯割据的局面，于是以秦文字为基础规范全国文字，秦文字便成为汉字的正统和主流。

在文字学史上，过去一般习称秦统一中国以前的秦文字为“大篆”，秦统一后的规范了的秦文字为“小篆”。

（一）大篆

大篆有广义和狭义两种解释。广义上的大篆指所有的古文字，包括甲骨文、金文和其他古文字；狭义的大篆指春秋、战国时期的秦文字。这里是指后者。

大篆通过《说文解字》和春秋金石器物留传至今。《说文》中的籀文、石鼓文、诅楚文和秦公钟、秦公铸、秦公簋上的金文是大篆的典型文字。

1. 籀文

籀文传说是西周晚期周宣王时太史籀所编《史籀篇》上的文字。《汉书·艺文志·六艺略》小学类首列《史籀》十五篇，《注》曰：“周宣王太史作大篆十五篇，汉光武帝建武时亡其六篇矣。”又说：“《史籀篇》者，周时史官教学童书也，与孔氏壁中古文异津。”《说文》根据残存的 9 篇收录了 223 个籀文，《叙》云：“宣王太史籀著大篆十五篇，与古文或异。”可知籀即史官之名，籀文就是大篆。《史籀篇》是太史籀所编，起初所用字体应与西周金文一致，但《说文》所收籀文却与石鼓文和春秋、战国时秦国金文相同，这说明汉人所见《史籀篇》已非原貌。《说文》中的籀文是根据春秋时用秦国文字所抄写的本子，字体已由西周金文改为大篆，因此，后世所谓籀文其实就是大篆。

2. 石鼓文

石鼓文是指春秋、战国时期秦国刻在石鼓上的一种文字。所谓石鼓，是 10 块鼓形石头，高约 90 厘米，直径约 60 厘米。每个石鼓上刻有四言韵文的诗一首，内容主要是歌颂贵族的畋猎游乐生活，又称“猎碣”。石鼓于唐初在天兴（今陕西宝鸡）三畤原出土，现存北京故宫博物院。按原石推算，10 石上应有 6⑻多字，但经风化磨损，已残缺不全。现存的北宋拓本有 65 字，而今在石鼓上实存 321 字。石鼓文一部分结构繁复，近似籀文，另一部分结构比较简单，接近小篆，是上承籀文、下启小篆的过渡形体，大体可以看作是春秋、战国间的秦国庄重文字。

3. 诅楚文

诅楚文是战国中后期秦国的石刻文字，其内容是祭神时对楚国的诅咒。原石出土三块：巫咸一石，北宋仁宗嘉祐年间发现于今陕西凤翔开元寺土下；湫渊一石，北宋英宗治平年间发现于今甘肃固原之湫祠遗址；亚驼一石，旧藏于洛阳刘忱家，来历不明。原石及宋拓本均失传，今传乃 1944 年吴公望据元至正中吴刊本之影印本。

三石文句大体相同，只是所祀神名有异，故以所祀神名分别称为《巫咸文》《大沈厥湫文》《亚驼文》。据郭沫若考证，诅楚文是秦惠王后元十三年，亦即楚怀王十七年（前 312）的作品，当时怀王引六国之兵倾全力攻秦，惠王乃使其巫祝祈求巫咸、大沈厥湫、亚驼三神加殃于楚师，以胜楚兵，恢复边城。诅楚文的字体与石鼓文、籀文基本一致，接近小篆。

（二）小篆

小篆，与大篆相比较而言，指秦始皇统一中国后实行“书同文”政策而颁行的标准字体，又称秦篆。秦始皇为了巩固政治上的统治，下令统一全国文字。许慎在《说文解字叙》中说：为了尽快改变战国时代“言语异声、文字异形”的局面，“秦始皇帝初兼天下，丞相李斯乃奏同之，罢其不与秦文合者，斯作《仓颉篇》、中车府令赵高作《爰历篇》、太史令胡母敬作《博学篇》，皆取史籀大篆，或颇省改，所谓小篆者也”。可知李斯等人是以秦国原有文字作为统一文字的标准，首先废除一切与秦文不同的俗体、异构，只保留其中与秦文一致的部分；然后通过《仓颉篇》等字书，写出标准字体即小篆的样板，广布天下而推行的。

现在能见到的小篆，除《说文》中保留的 9353 个以外，还有秦代刻石。秦始皇为了“示强威，服海内”，曾到峄山、泰山、琅琊、芝罘、东观、碣石、会稽等地巡视，每到一处，均立石刻铭以歌功颂德。秦二世也巡视各地，在始皇所立刻石上加刻诏书和随从官员姓名。现存仅泰山刻石和琅琊台刻石的残石，各刻石相传均为李斯以小篆书写。

秦始皇利用政权的力量推行小篆，对古汉字进行了一次全面的整理、加工和改造，第一次使官方正式字体实现了标准化、规范化，很快结束了长期以来“文字异形”的局面。这对增强汉字的社会职能，对推动国家的统一和民族的团结，对促进社会经济和文化的发展，无疑是极为有益而功不可没的。从文字的发展来看，小篆是古文字阶段的最后一种字体，是古文字通向今文字的桥梁。要研究古文字，要探究汉字的渊源，必须利用小篆，所以它的历史地位是十分重要的。

第四节　汉字的形体——今文字

今文字，是指秦隶书以后的字体。秦隶书，又称古隶，一般认为是古今文字的过渡字体。今文字包括汉隶、草书、行书、楷书四类。西汉通行的主要是隶书，辅助字体是草书，东汉晚期形成了行书，大约在魏晋之际形成了楷书。

一、隶书

隶书，是战国以后汉字演变过程中以点画结构逐渐取代篆书的线条结构而形成的一种新字体。

隶书的产生源于便捷书写的需要。官方的正规的篆书，因线条诘诎繁复、圆转弯曲的笔画繁杂，书写费时费力，人们在非郑重的场合便把字写得草率和简化一些，将本该工整的弧形笔画变成了比较平直的笔画，于是，“解散篆体”的隶书在社会上流行开来。《晋书卫恒传》引卫恒《四体书势》说：“隶书者篆之捷也。”即说明了隶书与篆书的渊源关系。篆书快写即成隶书。隶书突破了篆书的束缚而首先在民间产生。

隶书因“施之于徒隶”而得名。《汉书·艺文志》云：“是时始造隶书矣，起于官狱多事，苟趋省易，施之于徒隶也。”《四体书势》又说：“秦既作篆，奏事繁多，篆字难成，即令隶人佐书，曰隶字。”他们认为，隶书是为了适应官狱奏事繁多而应用的，又称“隶字”，因是避免篆书之繁复而使用的辅助字体，故又称“左书”或“佐书”。相传隶书是程邈创造的。《四体书势》：“下杜人程邈为衙狱吏，得罪始皇，幽系云阳十年。从狱中作大篆，少者增益，多者损减，方者使圆，圆者使方，奏之始皇。始皇善之，出以为御史，使定书。或曰邈所定乃隶字也。”

根据发展阶段的不同，隶书分为秦隶和汉隶两种。

秦隶，又称古隶，是战国晚期到西汉初期使用的不成熟的隶书。它和篆书并行，是与篆书相辅相成的日常手写体，二者的区别仅仅是草率与否的不同而已。秦隶是古文字和今文字的过渡形式，在构形上多因袭篆书而小讹，多数字带有浓厚的篆书意味，点画用笔的特点也不很突出，尤其是波势不明显。

汉隶，又称今隶、八分书，是在秦隶的基础上经过加工、改造和美化而成的一种独具特色的新字体。它在汉武帝或稍晚到昭帝、宣帝时代已趋于成熟，成为官方的正式字体，是今文字的开端。汉隶和秦隶相比较，最大的特点在笔势不同。秦隶是简捷的篆书，除笔形平直方折外，没有什么法则，残存有篆书的痕迹；而汉隶则使平折方直的笔画进一步呈现波势，每个字都用“挑法”，横画落笔处出现上仰的捺势，结构平整，布局稳重匀称，已彻底打破篆书的结构，极少见篆书的影子。

为什么汉隶又叫八分书，对此历来说法不一：唐张怀瑾《书断》以为汉隶的波折向左右分开，“渐若八字分散，故曰八分”此为一说；《书断》引王倍说以为八分是写字的尺度，“字方八分，言有楷模”此为另一说。目前，同意前种说法的人较多。现在能见到的汉隶，主要是东汉中期以后的石刻文字。

从篆书演变为隶书，习称隶变。隶变彻底消除了篆书中遗存的图画意味，使汉字失去了因形见义的联系，成了所谓“不象形的象形字”，从此奠定了现代汉字字形结构的基础。隶变是汉字发展史上最重要的一次变革，是古今文字的分水岭。

隶变使汉字从繁复变为相对简易，从书写不便变为比较方便，大大地加快了书写速度，这是一大历史进步。但由于形体变化太大，汉字的形义关系已很不明显，甚至被完全隐没，所以要想了解某个字的构形寓意，必须找到它的古文字形体。正因为“因形见义知音”的难度增加了，为了弥补这一缺欠，就只能在那些难以因形见义知音的字上，增加形符或声符，这就必然增加大量的形声字。汉代以后形声字的大量出现，与汉字形体的隶变之间是有密切关系的。

二、草书

草书，是为了书写简便快捷而产生的一种今文字字体。草，有草率、简单、潦草的意思。东汉崔瑗《草书势》说：“草书用于卒追。”即从书写的速度上来说的。通常所说的草书是指从快速书写隶书而发展起来的一种新字体。草书主要分为章草、今草、狂草三种。

（一）章草

章草，指汉代草书。梁武帝《草书状》记蔡邕曰：“昔秦之时，诸侯争长，简檄相传，望烽发驿，以篆隶之难不能救速，遂作赴急之书，盖今之草书是也。”说明章草是由秦隶的草率救速写法发展而来的。章草命名的由来有多种说法：一说因东汉章帝喜欢、重视而得名；一说是用章草写奏章而得名；一说认为垫“章”就是“程式”“法式”的意思，章草即合乎程式、法式的草书；还有人认为是由于西汉元帝时史游作《急就章》而得名。章草始于西汉，盛于东汉、西晋，延续至东晋中叶。在西汉前期的银雀山竹简、凤凰山竹简、马王堆帛书中，已见章草的初到。在西汉晚期与东汉前期的居延汉简和武威医简中，已出现通篇写得很潦草的文字，其实就是章草。两汉的崔瑗、杜度、史游、张芝、瞿窟、罗晖、赵袭，三国吴的皇象，西晋的索靖，东晋的王羲之、王献之等，都是章草大家，元代的赵孟頫等，也擅长章草。现在能见到的章草碑帖主要有史游的《急就章》、汉章帝的《千字文断简》、张芝的《秋凉平善帖》、皇象的《急就章》、陆机的《平复帖》、索靖的《出师颂》、褚遂良的《黄帝阴符经》，以及赵孟頫的《急就章》等。

章草的特点是“解散隶体粗书之，存字之梗概，损隶书之规矩，纵任奔逸，赴速急就”。这就是说章草打破了隶书的结构，只保存字的轮廓，以求书写的神速。因此，它往往省略字的某些部分，而字与字之间的笔画各不相连，这又和后来的“今草”大不相同。不过，章草既然从隶书发展而来，就不免带有浓厚的隶书意味，它保存了隶书的仰俯波势笔形，横画依然上挑，左右撇捺分明，起笔住笔纯用隶法。

（二）今草

今草，是在章草的基础上，结合楷书书法而发展的。相传今草源于东汉张芝，后世称张芝为“草圣”。《书断》说：“草之书，字字区别，张芝变为今草，如流水速，拔茅连茹，上下牵连，或借上字之下而为下字之上，奇形离合，数意兼包。”晋代以后，楷书已经出现，王羲之、王献之等人利用楷书或行书笔法改造草书，形成了别具一格的今草。今草是字形结构多因袭章草、笔法因袭楷书的快写体。

今草的特点是：“字之体势一笔而成，偶有不连，而血脉不断……世称一笔书者，即此也。”（《书断》）这就是说，今草笔画连带，每字相呼应或相连，有如一气呵成。它的字体不像章草那样规整，或大或小，或长或扁，或圆或方，自由灵活。今草不再含有隶意，已没有“八分”的波折，但具有楷书的笔势。存世今草，以王羲之、王献之父子的作品最为著名。

（三）狂草

狂草是唐代产生的一种比今草更草率、更具随意性的字体。相传狂草开创于盛唐的张旭《冠军帖》，其后高僧怀素继承张旭笔法。二人均嗜酒，好狂饮，喜酒后疾书。世称张旭为“张癫”，怀素自号“醉僧”，故有“癫张狂素”之称，又有“以狂继癫”之说。

狂草的特点在“狂”，写起来如行云流水，龙飞凤舞，上下贯串，连绵不断，可以任意简省笔画，可以纵情随意书写，可以不拘字形字距，显得诡奇诘诎，很难得以辨认。草书由于字形过于简单，偏旁混同严重，在相当程度上破坏了汉字的结构体系，普通人极难辨认，失去了文字的交际功能。因此，它尽管出现较早，却始终是辅助字体，不能正式应用。不过，它具有很高的艺术价值，历代均有人喜爱它。

三、楷书

楷书是汉隶经过长期演变逐渐形成的一种字体，萌芽于汉末，流行于魏晋南北朝，完全成熟于隋唐，一直沿用至今。楷书原叫真书、正书。楷，指法式，即规范整齐可为楷模的意思。宋无名氏《宣和画谱》说：“西汉之末，隶字刻石间杂正书。”据此人们多认为西汉末年已有楷书之萌芽。传世的早期楷书资料有三国魏钟繇的《宣示表》、王羲之的《乐毅论》等，钟被视为楷书之祖，王被誉为书圣。可见魏晋时楷书已开始流行。当时的碑刻几乎都是用隶书书写的。不过，有的隶书已出现向楷书过渡的迹象，如三国吴《谷朗碑》。新疆出土的晋人手写本《三国志》，其字体也保留了浓厚的隶意。通常被称为“魏碑体”的楷书之所以和唐碑楷体不同，是因为它包含着隶书的成分。因此，有的学者认为，西晋时还没有成熟的楷书。魏晋南北朝是楷书逐渐走向成熟，隶书逐渐走向消亡的阶段。

楷书至唐代大盛，已发展成为完全不带隶意的成熟书体。唐代楷书名家迭出，如欧阳询、虞世南、李邕、褚遂良、薛稷、颜真卿、柳公权等。世称颜、柳、欧和元代的赵孟頫为楷书四大家，其所书楷字被称为颜体、柳体、欧体和赵体。他们以自己独特的风格把楷书发展到登峰造极的地步。至今习字多通过临摹他们的书法作品入门，大家常见，故不再举例。

现在通行的楷书，其风格是由唐代书法家的作品所奠定的。

楷书的主要特点是改变了隶书的波势挑法，笔法平稳，横平竖直，笔画清楚，方便易认。改汉隶的偏方字形为长方字形，字体端正秀丽。楷书的点画形态比隶书丰富，增加了斜勾（隶书用波磔）、挑（隶书横画斜写）、折（隶书是横画与竖画的自然结合）等基本点画，而且每种基本点画的“个性特征”都比隶书鲜明。

从楷书开始，汉字的笔画形式和方块字形已基本定型，成为历代正规使用的典范文字，也是当代报刊图书印刷用字的主要字体。

四、行书

行书，是介于正体字和草书之间的一种字体。早期的行书介于隶书和草书之间，现在常见的行书则介于楷书和草书之间。行书出现于东汉，盛行于魏晋，直到今天，仍是人们日常广泛使用的手写体。

关于行书的特点以及它和楷书、草书的区别，在一些古代书论中讲得十分清楚。张怀瓘在《书断》中说：“行书，即正书之小讹，务以简易，相间流行，故谓之行书。”又在《书议》中说：“夫行书，非草非真，离方遁圆，在乎季孟之间。兼真者谓之‘真行’，带草者谓之‘草行’。”《宣和书谱》曰：“自隶法扫地，而真几乎拘，草书几于放，乎介两者行书有焉；于是兼真则谓之‘真行’，兼草则谓之‘行草’。”上引论述说明，流行于世的行书介于楷书与草书之间，与楷书相近的叫“真行”，也叫“行楷”，与草书相近的叫“行草”。行书的特点是不像楷书那样拘谨、难写，也不像草书那样放纵、难认，在保持楷书形体轮廓的前提下，适当运用草书那样的连笔，但各自保持独立，适当地省减笔画，形体结构清晰，书写自由快捷，笔法活泼流畅，有极大的实用价值。

行书相传为东汉末年刘德昇所创。《四体书势》说：“魏初有钟（繇）、胡（昭）两家，为行书法，俱学之于刘德昇。”《书断》也说：“行书者，刘德昇所作。”但刘氏行书字迹没有留存下来。传世最早的行书作品是钟繇的《墓田丙居帖》，但经翻刻，多失其真。西晋时，朝廷设书博士，以钟繇、胡昭的行书书法教子弟，行书书法因而盛行。此后，历代名家辈出，王羲之、王献之、欧阳询、虞世南、褚遂良、薛稷、李邕、颜真卿，以及宋代的苏轼、黄庭坚、米芾、蔡襄等，皆为行书大家。其中，王羲之的《兰亭序》被誉为“行书第一”，据说真本已被葬入唐太宗墓，但由于临摹者功力深厚，其娟秀清隽的风格仍在临摹本中显现出来。颜真卿的《祭侄稿》笔势雄奇，神采飞动，被称为“行书第二”。此外，王羲之的《快雪时晴帖》《丧乱帖》，颜真卿的《与郭仆射书》，李邕的《李思训碑》及米芾的《苕溪书帖》等，都是极著名的行书作品。

第四章　中国传统艺术

第一节　中国书法艺术

一、书法艺术概述

中国书法是我国一种独特的艺术形式，它是以汉字为表现对象，用以兽毫为主制成的毛笔作为表现工具来进行的线条造型艺术。

汉字是世界上最古老的文字之一。在西安半坡仰韶文化遗址出土的陶器上，就发现具有文字性质的刻画符号。据考古测定，距今有五六千年。这些符号独立演进发展，终于形成庞大完整的汉字系统。

除了汉字，世界上最古老的文字还有五千年前的苏美尔人的楔形文字、四千年前的古埃及象形文字、公元初美洲玛雅人的古文字。但这些古文字都相继消亡没有流传下来。唯独汉字在中华民族数千年历史发展中，不仅适应了语言的变化，成为交流思想、传播知识的工具，而且发展成为一门世界上独一无二的书法艺术。

中国书法之所以被称为东方艺术的奇葩，其基础源自汉字的特殊结构。汉字起源于象形文字，也就是通过描摹自然形态之美而诞生。古代就有关于“仓颉造字”的传说。据唐代张怀瓘《书断》记载，仓颉仰观天上日月星辰，俯察地上鸟兽草木，“博采众美，合而为字”。这种“依类象形”的象形文字，像图画一样再现自然，包含着美的因素，就是书法艺术的胚芽。

东汉许慎《说文解字》把古人造字方法归纳为六种，即象形、指事、会意、形声转注、假借，并一一做了解释：①象形，即用线条画出实物的形状。如日、月、山、水。象形字近似图画，但在本质上有所区别。它是构成汉字的基础。②指事，即用象征性的符号表示一定的意思。如上、下、本、末。③会意：把两个或两个以上象形或会意字组合起来，以表示一个新的意义。如众、森、明、暮、④形声，用表意的形旁和表音的声旁组合成一个字。如沐、功、色、问。⑤转注，是说一类意义相同的字，可以互为注释，如“考”和“老”。⑥假借，是说本来没有的字，借用同音字或音近的字。如

“求”“距”。

总之，“象形”是“六书”的基础，繁复的象形汉字，经过历代的演变，虽然逐渐趋向符号化、抽象化、简笔化，但仍然存在“不象形的象形”性质。这是汉字最基本的特点，也是书法艺术最重要的规律。书法家通过汉字的这个特点，在书写点画时，在意念中进行形象活动，也就是“意象”。

值得强调的是，当中国书法从象形到抽象，从实用进入表情达意的时候，便具备了现代艺术的特征。所谓现代艺术，即是说它没有事先选定描绘对象，没有事先确定的艺术准则，完全是作者思想感情的倾泻。这种表现主观自由的艺术，在 7 世纪时的中国唐代，张旭的狂草已得到充分的展示。而西方直到 20 世纪，抽象派画家康定斯基才考虑：用纯粹的艺术手段表达“内心的语言”“不必借助外部世界形象”。中国书法正是用这种纯粹的艺术手段来表达内心语言的艺术，它是一种令世界瞩目的古老而又富有生命力的艺术。

二、中国书法的艺术特征

（一）书法的笔线美

“法于何立？立于一画。一画者，众有之本，万象之根。”这是清代大画家石涛在《画语录》中一段非常精辟的记述。他认为绘画的法则，创立于“一画”。正是千万笔画才组成了无比丰富的画面，所以“一画”是一切物象的根本。书法也是如此。因此，古今任何一个书法家都把探求笔线美作为毕生孜孜以求的重要课题。

古人常说的“笔法”，就是关于写好“一画”的用笔方法。早在东汉时蔡邕就提出了“藏头护尾，力在其中”的要诀。指出了起笔要藏锋，收笔要回锋，但是中段怎样写的问题，直到晚清康有为才指出，一画要“中实”，即画的中间要丰实的意见。

什么样的笔线才符合书法艺术的审美要求呢？王羲之在《用笔赋》中提出了“藏骨抱筋，含文包质”八个字，可以说是书法笔线美的审美标准。

古代书法家习惯地将书法美类比于人体美，所以在书法理论中有“筋、骨、血、肉”的说法。健美的人体，必须是“秾纤得中，修短合度”，甚至达到“增之一分则太长，减之一分则太短”的完美境界。优秀的书法，笔线也要肥瘦得宜，骨肉停匀。书法中的“筋骨”，常代表字的间架和点画的力度。人体靠筋骨支撑，写字首先要“立骨”。如果筋骨不立，血肉无所依附，神采、气韵也都无由表露。南齐谢赫提出“骨法用笔”作为“六法”之一，书法写字首先要有“骨力”。筋骨宜藏不宜露，所以“藏骨抱筋”是笔线的审美标准之一。人不仅要有健全的形体，还贵在具有美好的精神气质。书法也是此，“立骨”之后，还必须血肉丰满，必须“含文包质”。所谓“文”，是指表露在外的风采神韵；所谓“质”，是指蕴藏于内的朴质精神。孔子说：“文胜质则史，质胜文则野文质彬彬，然后君子。”（《论语》）文质兼备，是笔线的另一个审美标准。

唐代张怀瓘说的“以筋骨立形，以神情润色”，正是对“藏骨抱筋，含文包质”这条笔线审美标准的进一步解释。书法点画只有兼有“筋骨”“文质”这两个方面，才能产生美的感染力。

什么样的笔线最美呢？古代书法家常常借助于类比手法。比如在晋、唐书论有“如屋漏痕”“如坼”“如折钗股”“如印印泥如锥画沙”等。近代黄宾虹先在阐述“用笔四法”时，也是借用这些传统审美准则，他说：“用笔须平，如锥画沙；用笔须圆，如折钗股；用笔须留，如屋漏痕；用笔须重，如高山坠石。”可见这些形象比喻，既是笔线的审美准则，也是用笔的最高境界。

（二）书法的结体美

结体，也称“结字”，又叫“间架结构”。汉字是由不同形状的点画，按特定的规范形式组成复杂纷繁的字样。好像造房子一样，用砖、瓦、木、石等不同性质的材料，按建筑力学的规律，建成各式各样的房子。造房子，由于建筑师对材料的处理和配搭方法的不同，建成的房屋就有不同的形式和不同的风格；而写字，则因为书法家不同的用笔，写出了不同的点画形态，并将这些点画按自己喜爱的方法配搭成字，于是就产生了不同风格的结体。可见书法的结体，既受汉字特殊规范的组织形式的约束，又可以产生千姿百态的多样变化。这样，对结体美的探求，就成了中国书法家在用笔之外的另一个重要课题。

关于书法的结体，早在蔡邕《九势》中，就提出了一条基本原则，他说：凡落笔结字，上皆覆下，下以承上，递相掩映，立无使势背。意思是说组成一个字的点画之间，必须要上下互相承接，左右互相掩映，顺应笔势的发展，使它形成一个完整的整体。这是结体美的最基本的要求。后来王羲之进一步阐述了结体的宜与忌的问题，指出：平直相似，状如算子，上下方整，前后平齐，便不是书。隋代智果著《心成颂》、唐代欧阳询有“结体三十六法”。

唐代孙过庭把结体美概括为一句话：“违而不犯，和而不同。”对结体的相互关系，主要包含以下几个方面：①奇与正；②疏与密；③违与和。处理好这些相互依存，相互制约，既对立有统一的结体关系，才能创造出不同的结体美。

（三）书法的章法美

章法，即整幅字的布局方法。书法与绘画不仅在笔法上有很多共同点，在章法上也有着许多内在的联系。章法古人又称“分间布白”。古人认为，写字虽然是用笔墨写在实处，但是着眼的地方却是空白处的安排变化。掌握了用笔、结体之后，章法的安排极为重要。清人笪重光在《书筏》中指出：“精美出于挥毫，巧妙在于布白。”元代饶自然认为布白要注意上下空阔、左右疏通，即便寥寥数字，或洋洋洒洒几百字，都得通盘筹划，留有余地。因为只有这样，整篇的布白才具有内在的联系，自己情感有所寄托与宣泄，也能为欣赏之人留出一个品味和思考的空间。空白美是相对实景美而产生的，能引起有效艺术知觉、审美联想和审美想象的心理定向。

章法主要有以下内容：①宾主；②虚实；③气脉连贯。

章法在表现形式上，常见的有:“纵有行，横有列”“纵有行，横无列”及“纵无行，横无列”三种。

章法的内容还包括题款与印章。

一幅讲究章法美的书法作品，犹如一曲优美的乐曲，字里行间，时而舒缓，时而急促，时而畅通，时而停歇，能给人以极致的艺术享受。

（四）书法的意境美

意境，也称境界，应用于书论中，泛指书法的神采、气韵、笔意等内在的精神境界。《辞海》的诠释是：指艺术作品描绘的生活图景和表现的思想感情，融合一致而形成的一种艺术境界。能使读者通过想象和联想，身入其境，在思想感情上受到感染。可见意境是一种情景交融，给观者以美的感受的艺术境界。历来是我国艺术理论的核心，是评价艺术作品水平高低的重要标准。书法意境美的内涵十分丰富。

其一“迁想妙得”。这是东晋画家顾恺之提出的具有普遍意义的创作规律。书法同绘画一样，也要强调向自然学习，获得启示从而创作出书法艺术形象。唐代张旭的草书，在艺术达到了“变动犹鬼神，不可端倪”的艺术境界。

其二“达其性情，形其哀乐”。书法是一种抒情达意的艺术。在书法理论中，关于书法的抒情因素，汉代杨雄在《法言・问神》中说:“言，心声；书，心画也。”后来的蔡邕在《笔论》中也论述道:“书者，散也。欲书先散怀抱．任情姿性，然后书之，若迫于事，虽中山兔毫，不能佳也。”所以书法的境界，实际是书法家在作书者思想感情的境界。

书法既可以激情迸发的宣泄情感，也可以简淡玄远的寄寓心境，据书史记载。唐代草圣张旭往往醉后疾书狂草，有“张旭三杯草圣传，脱帽落顶王公前，挥毫落纸如云烟”的酣畅淋漓之快意。同样，晋王羲之的行草书，流露其飘逸脱俗的风情。而董其昌书法，则追求淡泊优雅。

其三“功夫在书外”。“书品即人品”也就是说书法是书法家人格品质和情感状态的外显。所以书法作品的意境，常取决于书法家的立意与审美情趣。则就需要除了精练笔法，还要丰富阅历，加强人品和学问修养。古人对此多有论述。关于人品，唐柳公权说“心正则笔正”;清傅山认为“作字先做人，人奇字自古”。关于学问，宋苏轼说:“退笔如山未足珍，读书万卷始通神”。关于阅历，古人常称要“行万里路”晓天下理”。唯其如此，才能使书法作品焕发神才蕴藉，动人心魄的艺术魅力。

第二节　中国绘画艺术

一、中国绘画史概述

中国是世界文明古国之一，中国绘画是中华文化发展历史长河中的一条重要支流，源远流长，波澜壮阔；是中国传统文化的重要组成部分；是中华文明史中最珍贵、最辉煌的艺术遗产；是历代绘画大师将自己人生的心路历程融入形象、色彩和构图，用心血和生命创造出来的魁宝。我们徜徉在历史的画廊，走进这座如梦如幻的美之殿堂，领略它那博大精深、色彩斑斓的历史内涵和人文景观时，既可以增长知识，提高品位，感受美之真谛，又可以陶冶情操，修身养性，获得美之享受。

中国绘画有悠久的历史，如果从新石器时代彩色陶器上描绘的鱼、鹿纹饰算起，到晚清的绘画，前后经历了700年的发展历程；如果从长沙出土的楚墓帛画《龙凤人物图》算起，也有两三千年历史。中国绘画的发展，与中华民族长期形成的审美观和中国文明史分不开，尤其与中国的哲学、伦理学、文学、书法、音乐、舞蹈等密切相关。中国绘画渗透着这个儒、道、释各家的哲学思想与审美观念。潘天寿曾说："吾国唐宋以后绘画，是综合文章、诗词、书法、印章而成。其丰富多彩，均非西洋绘画所能比拟。是非有悠久丰富之文艺史、变化多样之高深成就，曷克语此。"（《听天阁画谈随笔》）

远在原始社会，中华民族的祖先在生活中就孕育了绘画胚胎。距今四五千年前"仰韶文化"，彩色陶器上画有鱼纹、花叶纹、人头纹等图案，还有野鹿、青蛙、鸟雀等图画。在商、周、春秋时期的青铜器上，就铸有直接反映现实生活的画面。还有各种动物及宴乐、采桑、围猎的画面。早期的中国绘画包括岩画、彩陶、绘制或铸刻在岩石、陶器、青铜器以及建筑壁画、画像砖、漆画、帛画、木版画等。在洛阳殷墓中，还曾发现残破的布质画幔。直至汉代纸张发明后，画家用毛笔在纸上绘画，才逐渐演变成现在的中国画。

两汉和魏晋南北朝时期，国家处于分裂状态，人民饱受灾难，然而绘画却因为民族大融合与文化交流得以飞跃发展。同时东汉佛教的传入导致宣传教义的佛教绘画兴起。许多士族阶层的名流，积极参与绘画活动。这时期出现了一批历史上确有记载的著名画家，如东晋的顾恺之、宋的陆探微、南齐的张僧繇、北齐的杨子华和曹仲达等。并写出了历史上最早的画论著作。中国人物画已达到成熟，题材范围也有所扩大，除宣传佛教与道教的内容外，还有与文学配合的故事画、描绘现实的风格画等。由于魏晋文人个体意识的觉醒，崇尚自然山水的审美感知，中国山水画开始成为独立画科。

隋唐时期社会经济、文化高度繁荣，绘画也随之呈现出全面繁荣的局面。唐代的绘画在绘画历史上具有划时代的意义。首先，绘画的内容更面向现实生活。宗教画出现了世俗化倾向。绘画体裁上，人物画达到历史顶峰，山水画得到迅速发展，花鸟画渐成独立画科。其次，绘画风格多样异彩。既有吴道子挥笔立扫的疏体，又有李思训三月之功的密体；既有金碧辉煌的青绿山水，又有破墨淋漓的水墨山水；工笔与写意各有千秋。唐代画家有文献和画迹可考的有近四百人。由于唐诗的成就和影响，文人士大夫绘画注重情趣，追求意境，著名诗人兼画家王维在艺术创作中表现出“诗中有画，画中有诗”的追求，是文人画兴起的前奏，对中国绘画发展产生重大影响。

短暂的五代时期则是宋代山水、花鸟画大发展的基础。五代的绘画，是个承上启下时代，无论人物、山水、花鸟画，都在继承唐代传统的同时出现了新风貌。人物画在表现技巧上，更注重人物神情和心理的描写，传神写照能力进一步提高。山水画有了皴染方式，并形成风格迥异的南、北两大山水画派系。花鸟画出现“黄家富贵，徐熙野逸”两种风格，并且开创了后世花鸟画的两大流派。对后世均有重大影响。

宋代绘画是继唐代以后中国绘画史上另一座高峰。宋代绘画的成就主要表现在两个方面：一是以院画为代表的现实主义艺术繁荣，二是倾向于表现自我的文人画兴起。宋代是中国画院的极盛时代，在画院的组织形式上是最为完备的。北宋的山水画风在五代的基础上更趋成熟。李成和范宽是北宋初期山水画家的代表，上承荆浩以水墨为主的传统，以表现北方雄浑壮阔的自然山水为主，他们的创作具有划时代的重要意义。南宋以后，马远、夏圭在描写江南景色方面有突出的贡献，成为当时画坛的主流。更是因为构图多截取山水一角或片段，画面留下大块空白，而被人称为“马一角”和“夏半边”。这种构图简洁、主体鲜明的山水画有一种全新的境界。

宋代中叶以后，画坛出现了一股强调表现主观意趣，表现出重“理”轻“形”的艺术思潮潮，这就是画史上所说的“文人画”理论。文人画家主张绘画要寓意抒情，“不求形似”，崇尚笔墨、形式的意趣，宋代文人画的标志是水墨梅竹成为独立画科，其代表人物是文同、苏轼、杨无咎、赵孟坚、郑思肖等。文人画的出现是绘画史上的一个进步，对中国画的发展起了重要推动作用。

中国绘画发展到元代，由于元朝蒙古统治者贵族对汉族实行残暴的民族歧视政策，于是逃避现实的隐逸思想在汉族士大夫中甚为流行。寄情遣兴，聊以自娱，文人画思潮逐渐统治中国画坛。绘画的题材反映社会生活的绘画减少，人物画有衰落景象，而山水画则有较大发展。画史上元代有成就的画家都表现在山水画的创作上，如赵孟頫、钱选、高克恭及黄公望、王蒙、倪瓒、吴镇等。花鸟画则以水墨梅竹风行一时。元代画家李衎行、管道昇、柯九思都长于画竹，王冕专写墨梅。元代文人画家把“外师造化，中得心源”作为创作信条，使创作富有生气。同时元朝画家明确提出以书法入画的主张，强调诗、书、画的结合，在笔墨技法上也多有创造。元以前绘画材料以绢为主，故画家多用湿笔，而元朝画家多用纸作画，画家在笔法墨法上寻求更多变化，皴擦点染有了更高的驾驭笔墨的能力。元代的山水画代表了中国山水画史上的一个高峰，也是中国文人画成熟的标志。

明代绘画流派纷呈，各领风骚。明嘉靖、万历年间，经济繁荣，国力昌盛，并产生新的变化。明代文人画和风俗画大发展，山水、花鸟题材流行，创作宗旨更强调抒写主观情趣，追求笔情墨韵。明清两代画家众多，并形成诸多流派。明代较大的流派有以戴进为代表的浙派，以沈周、文徵明为代表的吴门派，以董其昌为首的华亭派等。明代绘画后期，山水画成为主流，文人写意花鸟画也迅猛发展，画坛尊吴门画派为首，代表画家有张宏、徐渭、陈淳、篮瑛、陈洪绶等。“吴门画派”不仅代表着明代绘画的最高水平，还在师古创新的探索中，为后世开一绘画新河。山水画以董其昌为代表的“华亭派”影响最大，在他的画风和理论的带动下，文人画的体系进一步发展和完善。

清代绘画主要以文人士大夫的山水、花鸟画继续在画坛上占统治地位。有娄东、虞山、新安、金陵、江西、镇江等画派。清代绘画大多内容空洞，形式单调，而且创作上崇古保守，因循模仿，这种倾向在明代已经出现，到清初“四王”王时敏、王鉴、王翚、王原祁达到登峰造极的程度。要求作画笔笔有出处，不能脱离古人规范。如此画家几乎成了翻摹古画的机器，一切创作的生机都被扼杀了。由于这种思潮符合封建统治者的需要，故被奉为画坛“正宗”。但是，当仿古保守的思潮统治明清画坛的时候，一股革新力量打破了万马齐喑的沉闷局面。在明代以陈淳、徐渭为代表，在清代则有八大、石涛与“扬州八怪”（金农、郑燮、汪士慎、李鳝、黄慎、高翔、李方膺、罗聘）领袖群伦，在江南则出现了“清初四僧”（朱耷、石涛、弘仁、髡残）和“金陵八家”为代表，他们在绘画艺术上反对“四王”的临摹之风，表现手法上敢于创新，作品清新活泼，富有个性，具有时代精神。其流风余韵延及近代，被现代著名画家齐白石、徐悲鸿、潘天寿等人所接受。

明清绘画还有一个突出成就，就是以木版画为主的民间绘画蓬勃发展。明初商品经济的发展，城市的繁荣产生发达的市民文学，直接或间接地影响到版画艺术的发展。明清一批著名画家参与了版画创作，如唐寅为《西厢记》插图，仇英为《列女传》插图。陈洪绶的《水浒叶子》和《西厢记》插图，改琦的《红楼梦图咏》，被公认为艺苑奇葩。此外，王概编辑的《芥子园画传》，吴友如在上海主绘的《点石斋画报》，更有深远的影响。文人画家参与创作版画，打破了宋、元以来画家与画工之间不可逾越的界线，对提高民间绘画水平起了重大作用。清代民间年画广泛反映社会生活，是十分宝贵的民族艺术遗产。

近代中国社会处于百年激烈动荡与艰苦斗争中，反映在近代中国画坛上，则各种画学思想的激烈交锋，各派艺术风格的争奇斗艳，复杂纷繁。近代绘画大体上可以划分为五大体系，即以上海为中心的海派，以北京为中心的京派，以及各种形形色色的革新派等。海派以任伯年、吴昌硕为代表，以及受海派影响而自成一家的陈师曾、齐白石、潘天寿等，还有在山水画方面取得较高成就的黄宾虹、吴湖帆等。他们继承了明清革新派的优良传统，强调画家的独创精神与文化素养，为中国画的发展做出了卓越贡献。京派基本沿袭清代正统派画学思想，标榜“四王”，强调继承古法，较著名的画家有金城、肖谦中、肖俊贤、贺履之等。在西方文化思潮的冲击下，一批志在革新中国画的画家，从西画中吸取营养，以表现时代精神。最早体现这种艺术思潮的是岭南派，它的创始人是高剑父、高奇峰、陈树人。最后，则以徐悲鸿提倡中西结合画派的影响较大，蒋兆和、傅抱石、吴作人都是这一画派中较有成就的画家。此外，以农村写生、战地写生为创作主调长安画派赵望云、石鲁，创办上海美专的刘海粟，创办正则艺专的吕凤子，创办无锡美专的贺天健等，都对中国画的革新做了不同的贡献。

中国绘画艺术在历史的长河中，沿传相续，嬗变演进，不但形成了民族的审美需求与传统风格，同时又在时代的前进中不断充实、突破和创新，成为华夏艺苑中的瑰宝，也是世界艺术花园一朵光彩夺目的奇葩。

二、中国画的门类与特点

（一）中国画的门类

中国画的门类，根据不同的划分标准有不同的分类。按表现内容分，有人物、山水、花鸟之分。

按画法分，有工笔、写意、兼工带写之分。工笔画一般要先画好稿本，然后拷贝到经过加工的绢或纸上，先用小笔勾勒，再层层敷色，所谓“三矾九染”，往往精细刻画景物，穷尽奇妙。写意画则用简练的笔法描绘景物，写意画主张神似，不求形似，注重笔墨表现，讲究以书入画，强调画家个性。其中以泼墨画得狂放奇肆的又称大写意，或者称为墨戏。兼工带写是将工笔和写意两种技法，同时运用于一幅作品中。这类绘画用笔比工笔画稍显粗犷，比纯写意画又较规矩，希望形神皆备。或者该工处用工笔描写，该放处用放笔直写。

中国画按着色分，又有白描、水墨、设色之分。设色中又可分为青绿、金碧、没骨、浅绛、重彩；水墨中又有干笔、湿笔、焦墨之分。白描是以单线勾勒塑造对象，就是描。不用色彩，也称“白画”。白描是中国画最古老、最基础的画法。特别强调线的表现力，产生了各种不同的线描方式。青绿、金碧、浅绛主要用于山水画门类，青绿山水要用石青、石绿颜色填涂，色彩艳丽。金碧山水则在青绿山水上再用金银色钩轮廓，画面富丽堂皇。水墨画不着任何颜色，多用枯笔皴擦的叫干笔画，反之叫湿笔画，很少用水，只用焦墨作画的叫焦墨画。在水墨画稿上略加赭石、花青等淡色的称浅绛山水。山水、人物、花鸟画都有重彩，大多用不透明的矿石颜料和重墨作画，使彩与墨相映生辉。没骨画是指不用水墨勾勒，直接用色彩点虱而成的画法。

按绘画主体分，中国画则有院体画、文人画、画工画之分。院画是指皇庭宫室供养的专职画家的作品，由于皇家的喜好，长期以来形成讲究工细、富丽堂皇的特点。文人画也称“士大夫画”，是封建社会文人、士大夫的绘画。文人画一般回避社会现实，讲究“书卷气”，注重笔墨，脱略形似，强调神韵。画工画是指民间的以画为职业的画工所画的画。所画内容大多为佛像、肖像、建筑花样纹饰、年画及吉祥物。装饰性强，色彩艳丽浓烈，有浓厚生活气息，缺点是往往流于匠气。

中国画还有以画幅与装裱形式以及绘画工具等分类。

中国画一般较常用的分类，还是所谓“划分三科”，即人物画、山水画、花鸟画。

1. 人物画

以描绘人物形象为主体的绘画称人物画。中国绘画领域里，人物画的历史最悠久，出现较山水画、花鸟画等为早。人物画是中国画的一个大画科，大体分为道释画、仕女画、肖像画、风俗画、历史故事画等。如历代帝王像为肖像画，五代顾闳中《韩熙载夜宴图》为人物故事画。北宋张择端的《清明上河图》则为风俗画。人物画力求把人物个性刻画得逼真传神，气韵生动、形神兼备。故中国画论又称人物画为“传神”。

2. 山水画

山水画是以描写山川自然景色为主体的绘画。山水画在中国绘画史上占有特殊的地位，但它是出现较迟的画科。这是因为人类对自然美的认识，首先发现的是动物、植物，然后是人类自己，最后才是自然风景。山水画以其取景不同，可分为全景山水、边角山水、园林小品等。如巨然的《秋山问道图》为全景山水，马远的《雪滩双鹭图》为边角山水，金农的《风来四面卧当中》则为园林小品。

3. 花鸟画

花鸟画以花卉、竹石、禽鸟等为描绘对象。花鸟画的兴起要早于山水画，在河姆渡遗址中，就有双凤朝阳的刻骨，在仰韶文化的彩陶图案装饰上，以植物和动物（如鱼、鸟、鹿等）为主题是很普遍的；进入阶级社会后，花鸟画被当作工艺美术的一部分，常在各种屏风、器物或装饰品上出现。花鸟画主要有工笔设色和水墨写意两大体系。因绘画题材不断发展，画家专业化程度提高，历史上对中国画又做过较细分类，而且各个时期各不相同，如宋《宣和画谱》分为道释、人物、番族、宫室、山水、龙鱼、兽禽、花鸟、墨竹、蔬果等。近代，还派生出清供、春宫等门类。清供专画文人案头文房四宝、蔬果、插花之类。春宫则专画男女性事，作为性教育工具。

（二）中国画的特点

中国画是矗立于世界艺术之林的参天巨树，具有独特的民族特色与风貌，无论是表现方法、表现形式和使用工具，都与西洋绘画迥然不同。概括而言，中国画是一种具有中华民族风格和中国气派的绘画。

1. 以线造型，以形写神

中国画讲究“书画同源”，即把书法艺术引进绘画，以线条为造型的主要手段。十分讲究用笔，使中国画上的线条具有独立的审美价值。可以说，中国画的线条是万能的，它既造型，又表意，还具有独立的形式美。而西洋画线条一般只表示轮廓的作用。中国画家取得表现上极大的主动性，摆脱了对物象光暗、色彩的烦琐描绘，而着力于艺术形象的概括提炼，形成中国画非常简练的特殊风格。就画家对线条的运用而言，不同形式的线条正表现出他们不同的艺术风格。有的线条奔放苍劲，有的线条凝练朴质，有的线条雄犷激越，有的线条浑厚华滋，从而创造出文质俱备的形式美，给人以极高的艺术享受。可见以线造型也是中国画表现方法上的重要特点。

追求神似。中国画家在绘画艺术发展的早期，画家描绘客观物象的着眼点是画得像不像，即所谓“形似”。到了东晋，顾恺之提出“以形写神”，把“传神写照”作为画的最高境界。从此追求神似成为中国画家在表现方法上的准则。人物画家要刻画出人物的精神气质，山水画家要描绘山川的神采气韵，花鸟画家要写出花木禽兽的勃郁生机。为了神完意足，画家甚至采取“遗貌取神”的表现手段。宋代陈去非论画诗曰：“意足不求颜色似，前身相马九方皋。”即是说中国画家在表现方法上相《列子》中所说的那位相马专家九方皋一样。九方皋相马只注意马的神骏，而忽视其为玄黄、牝牡，中国画家作画也追求神似，往往不计其他。据说苏东坡用朱砂画了一幅竹子，有人责难他说：“竹子哪有红色的呢？”东坡回答说：“难道竹子又有墨色的吗？”苏东坡甚至提出“论画以形似，见于儿童邻”。吴昌硕画牡丹，花用红色，叶用墨色，红与黑相得益彰，鲜妍于烂漫中别具庄重典雅的气度，正体现了“国色天香”的精神实质。

2. 注重意境，抒情达意

中国画家认为，一件优秀的作品必须是画家从对客观事物的观察认识、体验感受中，产生了某种思想感情，通过特殊的艺术构思和形象塑造，把这种思想感情充分表现出来，于是画面上才产生一种动人的境界，这就是意境。

画家在创作时，常带有强烈的主观感情色彩和采用象征的手法，去描绘对象，其目的是为了表现他对客观事物的认识与感情。写景是为了抒情，从而达到寓情于景、情景交融的艺术境界。现代花鸟画家李苦禅画的《鱼图》，一鲈一鲇，题款为《连年有余图》，取“鱼”和“余”的谐音，以表示吉祥的祝愿。其他如画牡丹与白头翁，称为“富贵白头”，画松、石以喻长寿，都是中国画的常用手法。现代画家潘累兹画的《四季山图》，在具有装饰风格的山水画中，出现不同的少女形象，如梦如幻，迷离惝，表现出“春山如笑，夏山如滴，秋山如妆，冬山如睡”的迷人意境，这更是象征手法的巧妙运用。故用象征手法抒情寓意是中国画的传统。

3. 突破时空，讲究程式

中国画家在创作一幅作品时，常常在时序上，跨越了春与冬，打破了时间界限，使江南春色与北国隆冬在空间上纵横千里也能同时在画面上出现。这种表现方法是中国画家的大胆独创。中国画史上有不少记载:宋代王希孟的《千里江山图》、夏圭的《长江万里图》都是笔扫千里的巨构，而明代徐渭的《百花图卷》，则汇四季花卉于一幅之中。这种突破时间、空间限制的表现方法，使画家获得极大的创作自由，他们不是再现自然的奴隶，而是驾驭造化的主宰，表现了中国画家非凡的胆识。这种表现方法是符合我们民族欣赏习惯的。当我们观赏时，丝毫也不觉得它在视野上、时序上有任何不合理的存在；相反，只觉得如果不这样处理，不足以表现我们民族的豪迈气魄，不足以表现新时代的伟大精神。把形式和内容和谐地统一在一起，正是中国画艺术上的成功之处。

程式化是我国艺术特有的民族形式。中国画家在描绘客观物象时多采用程式化的方法。所谓程式化，是画家根据客观物象的特征，进行概括、提炼、夸张，使之成为具有规范性的形象。如画人物衣纹有“十八描”，画山石有各种皴法，画树叶有种种点叶法等等。程式化方法使画家较易掌握自然形态的特征，根据个人感受去组织变化，而着力于神似的追求。当然，程式化的发展曾产生过一些消极因素，有的画家依赖于固定程式，不愿深入生活，失去艺术的创造力，但这不是程式化的过错。正如京剧表演艺术一样，演员每一抬手投足都有固定的程式，但一个优秀的表演艺术家仍能借此传神入化把剧中人物的性格表现得淋漓尽致。程式是在不断发展、丰富的。优秀的中国画家，能创造性地运用程式或突破程式的约束，以表现自己的独特个性，“我用我法”，使艺术永葆青春。

4. 诗书画印，综合体现

中国画的综合性表现在画完一幅画以后，还要在画面上题款、盖章，这件作品才算最后完成。题款，包括诗文和书法两种艺术。诗、书、画、印，都是独立的艺术品种，在画面上综合起来，发挥各自的艺术功能，又相互配合，成为一件完整的艺术品，这是中国民族绘画形式的重要特点。诗、书、画、印结合，是在中国画的发展过程中形成的。最初题款只是作为画的注脚，如汉宣帝令人在麒麟阁画《十一功臣像》每个画像上面都注上姓名和官爵。五代黄筌画《珍禽图》，画面左下角题有“付子居室”一行字，说明是给他的儿子黄居宝习画用的。魏晋时代的题款大多是绘画内容的概括，好像写文章必须有标题一样，如吴曹不兴有《南海监牧图》、顾恺之有《洛神赋图》、顾景秀有《蝉雀图》等。到了唐宋，画家开始追求画中要有诗的意境，使画题也要具有诗意。在具体作品中讲求诗、书、画、印的有机结合，并且通过在画面上题写诗文跋语，表达画家对社会、人生及艺术的认识，既起到了深化主题的作用，又是画面的有机组成部分。

第三节　中国传统音乐与舞蹈

一、传统音乐

（一）传统音乐的起源

中国传统音乐是在以黄河流域为中心的中原音乐和四域音乐以及外国音乐的交流融合之中形成发展起来的。因此，可以说中原音乐、四域音乐、外国音乐是中国传统音乐的三大来源。

中原音乐指的是以黄河流域为中心发展起来的音乐。在漫长的历史发展过程中，形成了以汉族为主体的黄河流域音乐文化。其中，殷商和西周时期的音乐文化最具有代表意义。除六代乐舞及其他多种乐舞的发展和整理，礼乐制度的阶级化和等级化，大司乐机构的设置，三分损益律的运用等，对中原音乐有重要影响，尤其“八音”乐器分类中“琴”（七弦琴）及其音乐的出现，奠定了中国传统乐器与器乐的基本模式。

四域音乐指的是除中原华夏族为主所创造的黄河流域音乐文化以外的中华大地各民族的音乐文化。其中，长江流域、珠江流域等地区与黄河流域同为中华民族的文化发祥地。长江中游的楚文化中的音乐文化色彩缤纷，独树一帜，同中原音乐并为上古中国传统音乐的表率，相互辉映，相互竞争、交融，进而衍生、发展。珠江流域的粤文化，西南各少数民族的音乐文化，西北地区古丝绸之路的音乐文化以及东北各少数民族的音乐文化，都为中国传统音乐的形成、发展做出了重要贡献。其中，在乐器方面，作为汉族音乐文化与少数民族音乐文化交融的代表实例，可以举出从奚琴到胡琴类各种拉弦乐器的形式。

中国音乐与国际音乐的交流由来已久。据《穆天子传》记载，相传西周初，周穆王曾经带着规模颇大的乐队到西方各国进行音乐交流。此后，在汉代，伴随着佛教的传入，印度教音乐和天竺乐也传入中国；隋唐时期，大量外国音乐的输入，不仅带来外国乐曲，而且引进乐器、乐律、音阶。作为外国乐器传入中国，后又被改造为中国传统乐器的琵琶颇具代表意义。

（二）传统音乐的发展

公元前 21 世纪至公元 3 世纪是中国传统音乐的形成期，这时期包括从夏、商、西周到春秋、战国、秦汉。在音乐体裁方面，经历了由原始乐舞到宫廷乐舞的进化。在旋律音调、音阶形式方面，经历了由原始音乐重视小三度音程的音调，到春秋战国强调宫、商、徵、羽的上下方大三度的“曾”体系，以“三分损益法”相生五音、七声、十二律，初步确立了中国传统音乐旋法的五声性特点。在音乐美学思想方面，先秦诸子百家的争论，奠定了此后各自学说的理论端点。这一时期中，最具代表性意义的音乐艺术形式是钟鼓乐队。

公元 4 世纪至 10 世纪是中国传统音乐的新声期，这一时期包括了从魏、晋、南北朝到隋、唐、魏、晋、南北朝时期的政治动荡和北方人民南迁、少数民族的内移，造成对中国传统音乐的冲击：一是玄学对儒学的冲击，引起音乐思想的变化；二是少数民族音乐和外国音乐的传入，引进乐器、乐律、乐曲和音乐理论方面的新因素。其冲击的结果是使中国的传统音乐为之一变，开创了音乐国际化的一代新乐风。一方面是世界音乐的中国化，包括外来乐曲的中国化、外来乐器的运用、外来乐调的传入、外来乐队的民族化以及外来乐人为发展中国音乐所做出的贡献。另一方面是中国音乐的世界化，即中国音乐以其辉煌的成就给世界许多国家（如朝鲜、日本等）以重要的影响。

公元 10 世纪至 19 世纪是中国传统音乐的整理期，该时期包括辽、宋、金、明、清。该时期政治上从纷乱和分裂到相对统一，又从南北对立到多民族国家统一政权的建立及其在相当长时期内的相对稳定。音乐文化方面则具有世俗性和社会性的特点。所谓世俗性，就是与普通的平民阶层保持着密切的关联。此时期的传统音乐，无论是在演出人员还是在观众、听众对象方面都已具有更为广泛的社会基础。在音乐理论方面，表现出对前一时期的继承和清理的倾向，音乐形态特点已逐渐趋于凝固定型化，其代表性音乐艺术形式是戏曲艺术及其音乐。这一艺术形式上承前代下接后世，并广泛吸收当代音乐新成果，成为集古今音乐大成的音乐宝库。

二、传统舞蹈

（一）传统舞蹈的产生

从产生来看，舞蹈是适应巫术和原始宗教仪式的需要产生的。这可以从舞蹈之“舞”的原始意义中得到理解。早期甲骨文中，“舞”与“巫”的形状十分相似。在早期社会“舞”“巫”所指是同一事项，即女巫师的巫术仪式以及巫师祈祷神灵时的姿态。后来，用“舞”指称巫师的姿态，“巫”指称巫师这一类人员，其意义才渐渐分离。可见，这种姿态就是“舞蹈”的原始形态。尽管“舞”姿态从“巫”中分离，但早期舞蹈事实上还是直接服务于巫术活动的，这可以从“舞”与“雩”二字的关系中看出一些痕迹。甲骨文中有“辛巳卜宾乎舞有雨”的记载。这其实是一次祭祀求雨活动的记录，其中有舞蹈的仪式行为。《说文解字》释“雩”曰：“雩，夏祭乐于赤帝以祈甘雨也。从雨，于声。雩，羽舞也。”所以，舞的第一个义项就是通“雩”，指求雨巫术仪式中的“羽舞”。《周礼·春官·乐师》曰：“凡舞有拨舞、有羽舞、有皇舞、有旄舞、有干舞、有人舞。”即所谓周代的六小舞。这些舞蹈都是周代祭祀活动中的仪式性舞蹈。《周官·舞师》载：

"掌教兵舞，帅而舞山川之祭祀；教拔舞，帅而舞社稷之祭祀；教羽舞，帅而舞四方之祭祀；教皇舞，帅而舞旱嗒之事。"羽舞、皇舞皆为祭祀求雨的仪式舞蹈。后来的《庸舞》《奏舞》《龙舞》等皆是旱祭求雨的巫术仪式舞蹈，其中《龙舞》至今不衰。

考古发现的中国早期乐舞图中，许多具有浓郁的宗教色彩和巫术性质，是先民巫术性仪式活动的记录。例如，青海大通县出土的彩陶盆舞蹈纹、内蒙古狼山原始岩画、甘肃嘉峪关黑山原始岩画、广西花山崖原始壁画中的舞蹈场景，经专家研究皆具有很强的巫术性质和仪式特征。

中国早期舞蹈之所以有如此明显的仪式特征，其实与舞蹈在当时的社会功能有关系。早期舞蹈产生于先民巫术图腾活动，是巫术仪式活动的一部分，是巫术图腾文化的产物，它必然具有巫术的文化属性。对早期舞蹈而言，其直接作用就是实现沟通人神、祈福免灾、五谷丰登等巫术性目的。在这种意义上，可以说功用性、仪式性是早期舞蹈的第一属性，舞蹈的娱乐性是从巫术活动的娱神目的衍生的，从娱神到娱人再到自娱，是舞蹈发展的几个重要阶段。尽管后来的舞蹈并不用于祭祀，但是中国舞蹈自产生时就存在的仪式性传统却被继承下来了，已经渗透到舞蹈的动作、结构和独特的抒情方式等内容之中。

（二）传统舞蹈的形式

从表演场合来看，中国传统舞蹈多被使用于各种仪式性场合，大到国家的祭祀、朝会、出战、庆功、王室更替，小到百姓婚丧嫁娶、往来聘问、播种收割等，均有若干的仪式内容。归纳起来，传统舞蹈大概可以分为社会性仪式、宗教性仪式、生产性仪式、人生成长性仪式等。中国古代根据舞蹈的使用场合和社会功能将舞蹈分为雅舞、杂舞两类。雅舞在后来的历代王朝宫廷中皆是最重要的舞蹈，虽然各代帝王皆制作自己的舞蹈，名称也各不相同，以示不相袭用，但是仅改歌词而舞曲依旧不变，其祭祀的仪式性功能也没有改变。正所谓"自周以来唯改其辞，未有变其舞者也"。这部分舞蹈用于国家的祭祀场合，显然具有明显的仪式性特征。

杂舞的仪式性特征从《乐府诗集》中可以看到，书中很详细地记载了自西周以来到隋唐时期民间舞曲流入宫廷以及在宫廷宴会等重要集会场合表演的历史事实。由此可见，在中国古代传统舞蹈中，尽管有些舞蹈从其产生来看，并未直接服务于巫术和国家祭祀活动，但是往往被统治者用在其他仪式活动中表演，作为仪式活动的重要部分，因此也具有了很强的仪式特征。

传统舞蹈从其表演形式上来看，大多在重大的节日活动中进行，如春节、三月三、火把节、泼水节、播种节等，构成了这些舞蹈强烈的仪式性特征。例如，土家族每年农历正月要祭祀始祖"八部大王"跳摆手舞、毛古斯舞，藏族每年藏历除夕的"跳神节"要跳《羌姆》，青海黄南同仁地区藏族每年的"六月会"祭祀山神、二郎神，跳《龙鼓舞》等，这些舞蹈均具有极强的仪式性特征。这种仪式性特征一方面是这些舞蹈本身就具有的，其产生之时就是为仪式而服务的；另一方面，在这些仪式性场合表演的舞蹈，也许本身的仪式性内容并不强，有些就是娱乐性舞蹈，但是，一旦进入某种仪式性场合表演，它便具有了很强的仪式性。因此，可以说中国传统舞蹈表演的仪式场合也是其形成仪式性特征的重要方面。

第四节　中国戏曲艺术

中国戏曲主要是由民间歌舞、说唱和滑稽戏三种不同艺术形式综合而成的。它起源于原始歌舞，是一种历史悠久的综合舞台艺术样式。经过汉、唐到宋、金才形成比较完整的戏曲艺术，它由文学、音乐、舞蹈、美术、武术、杂技以及表演艺术综合而成，约有 360 多个种类。它的特点是将众多艺术形式以一种标准聚合在一起，在共同具有的性质中体现各自的个性。中国的戏曲与希腊悲剧和喜剧、印度梵剧并称为世界三大古老的戏剧文化，经过长期的发展演变，逐步形成了以“京剧、越剧、黄梅戏、评剧、豫剧”五大戏曲剧种为核心的中华戏曲百花苑。中国戏曲剧种种类繁多，据不完全统计，中国各民族地区地戏曲剧种约有 360 多种，传统剧目数以万计。其他比较著名的戏曲种类有：昆曲、坠子戏、粤剧、淮剧、川剧、秦腔、沪剧、晋剧、汉剧、河北梆子、河南越调、河南坠子、湘剧、湖南花鼓戏等。

历史上最先使用戏曲这个名词的是宋刘埙（1240—1319），他在《词人吴用章传》中提出“永嘉戏曲”，他所说的“永嘉戏曲”，就是后人所说的“南戏”“戏文”“永嘉杂剧”。从近代王国维开始，才把“戏曲”用来作为中国传统戏剧文化的通称。戏曲是中国传统艺术之一，剧种繁多有趣，表演形式载歌载舞，有说有唱，有文有武，集“唱、做、念、打”于一体，在世界戏剧史上独树一帜。其主要特点，以集古典戏曲艺术大成的京剧为例：一是男扮女（越剧中则常见为女扮男）；二是划分生、旦、净、丑四大行当；三是有夸张性的化妆艺术——脸谱；四是“行头”（戏曲服装和道具）有基本固定的式样和规格；五是利用“程式”进行表演。中国民族戏曲，从先秦的“俳优”、汉代的“百戏”、唐代的“参军戏”、宋代的杂剧、南宋的南戏、元代的杂剧，直到清代地方戏曲空前繁荣，京剧才得以形成。

一、中国戏曲的发展历程

（一）先秦（萌芽期）

在原始社会，氏族聚居的村落产生了原始歌舞，并随着氏族的逐渐壮大，歌舞也逐渐发展与提高。在许多古老的农村，还保持着源远流长的歌舞传统，如“傩戏”；同时，一些新的歌舞如“社火”“秧歌”等适应人民的精神需求而诞生。正是这些歌舞演出，造就出一批又一批技艺娴熟的民间艺人，并向着戏曲的方向一点点迈进。《诗经》里的“颂”，《楚辞》里的“九歌”，就是祭神时歌舞的唱词。从春秋战国到汉代，在娱神的歌舞中逐渐演变出娱人的歌舞。从汉魏到中唐，又先后出现了以竞技为主的“角抵”（百戏）、以问答方式表演的“参军戏”和扮演生活小故事的歌舞“踏摇娘”等，这些都是萌芽状态的戏剧。

（二）唐代中后期（形成期）

中唐以后，中国戏剧飞跃发展，戏剧艺术逐渐形成。唐代文学艺术的繁荣，是经济高度发展的结果，促进了戏曲艺术的自立门户，并给戏曲艺术以丰富的营养，诗歌的声律和叙事诗的成熟给了戏曲决定性的影响。音乐舞蹈的繁荣，为戏曲提供了最雄厚的表演、唱腔的基础。教坊梨园的专业性研究，正规化训练，提高了艺人的艺术水平，使歌舞戏剧化历程加快，产生了一批用歌舞演故事的戏曲剧目。

（三）宋金（发展期）

宋代的“杂剧”，金代的“院本”和讲唱形式的“诸宫调”，从乐曲、结构到内容，都为元代杂剧打下了基础。

（四）元代（成熟期）

到了元代，“杂剧”就在原有基础上大大发展，成为一种新型的戏剧。它具备了戏剧的基本特点，标志着中国戏剧进入成熟的阶段。12 世纪中期到 13 世纪初，逐渐产生了职业艺术和商业性的演出团体及反映市民生活和观点的元杂剧和金院本，如关汉卿创作的《窦娥冤》、马致远的《汉宫秋》以及《赵氏孤儿大报仇》等作品。这个时期是戏曲舞台的繁荣时期。

元杂剧不仅是一种成熟的高级戏剧形态，还因其最富有时代特色，最具有艺术独创性，而被视为一代文学的主流。元杂剧最初以大都（今北京）为中心，流行于北方。元灭南宋后，发展成为全国性的剧种。元代的剧坛，群星璀璨、名作如云。

元杂剧得以呈一代之盛，艺术发展和社会现实这两个方面提供了契机。从艺术的自身发展来看，戏剧经过漫长的孕育和迟缓的流程，已经有了很厚实的积累，在内部结构和外在表现上都达到了成熟。恰恰此时的传统诗文，在经历了唐宋鼎盛与辉煌之后，走向衰微。在有才华的艺术家眼里，剧坛艺苑是一块等待他们去耕耘的新土地。从社会现实方面来看，元蒙统治者废除科举制度，不仅断绝了知识分子跻身仕途的可能，而且把他们贬到低下的地位：只比乞丐高一等，居于普通百姓及娼妓之下。这些修养颇高的文化人，被沉入社会底层。在疏远经史、冷淡诗文的无可奈何之中，他们只有到勾栏瓦舍去打发光阴、去寻求生路。于是，新兴的元杂剧意外地获得一批又一批的专业创作者。他们有一个以“书会”为名的行业性组织，加入书会的剧作家，称为“书会先生”。这些落魄文人在团体内，既合作又竞争，共同创造着中国戏剧的黄金时代。与从前的偏于抒发主观心绪意趣的诗词不同，元杂剧以广泛反映社会为己任。显然，这是由于作家长期生活于闾巷村坊，对现实有着深切了解和感受的缘故。

元杂剧的剧本体制，绝大多数是由“四折一楔”构成的。四折，是四个情节的段落，像做文章讲究起承转合一样。楔子的篇幅短小，通常放在第一折之前，这有点类似于后来的“序幕”。元杂剧在艺术上是以歌唱为主、结合说白表演的形式。每一折由同一宫调的若干支曲子联成一个套曲。全套只押一个韵，由扮演男主角的正末或扮演女主角的正旦演唱。这种“一人主唱”可以极大地发挥歌唱艺术的特长，酣畅淋漓地塑造主要人物形象。念白部分受参军戏传统的影响，常常插科打诨，富有幽默趣味。将音乐结构与戏剧结构统一起来，达到体制上的规整，这表明元杂剧的艺术成熟和完善。

（五）明清（繁荣期）

戏曲到了明代，传奇发展起来了。明代传奇的前身是宋元时代的南戏（南戏是南曲戏文的简称，它是在宋代杂剧的基础上，与南方地区曲调结合而发展起来的一种新兴的戏剧形式。温州是它的发祥地）。南戏在体制上与北杂剧不同：它不受四折的限制，经过文人的加工和提高，这种本来不够严整的短小戏曲，终于变成相当完整的长篇剧作。例如高明的《琵琶记》就是一部由南戏向传奇过渡的作品。这部作品的题材，来源于民间传说，比较完整地表现了一个故事，并且有一定的戏剧性，曾被誉为“南戏中兴之祖”。

明代中叶，传奇作家和剧本大量涌现，其中成就最大的是汤显祖。他一生写了许多传奇剧本，《牡丹亭》是他的代表作。这一剧作，在当时封建礼教牢固统治的社会里，是有深远的社会意义的。这个剧作问世 300 年来，一直受到读者和观众的喜爱，直到今天，“闺塾”“惊梦”等片段还活跃在戏曲表演的舞台上。16 世纪明朝中叶，江南兴起了昆腔，涌出了《十五贯》《占花魁》等戏曲剧目。这一时期受农民欢迎的戏是产生于安徽、江西的弋阳腔，昆腔受封建上层人士的欢迎。

明后期的舞台，开始流行以演折子戏为主的风尚。所谓折子戏，是指从有头有尾的全本传奇剧目中摘选出来的出目。它只是全剧中相对独立的一些片段，但是在这些片段里，场面精彩，唱做俱佳。折子戏的脱颖而出，是戏剧表演艺术强劲发展的结果，又是时间与舞台淘洗的必然。观众在熟悉剧情之后，便可尽情地欣赏折子戏的表演技艺了。《牡丹亭》中的“游园”“惊梦”，《拜月亭记》中的“踏伞”“拜月”，《玉簪记》中的“琴挑”“追舟”等众多的折子戏，已成为观众爱看、耐看的精品。

明末清初的作品多是写人民群众心中的英雄，如穆桂英、陶三春、赵匡胤等。这时的地方戏，主要有北方梆子和南方的皮黄。京剧是在清代地方戏高度繁荣的基础上产生的。在同治、光绪年间，出现了名列“同光十三绝”的第一代京剧表演艺术家及不同流派的宗师，标志着京剧艺术的成熟与兴盛。不久京剧向全国发展，特别是在上海、天津，京剧成为具有广泛影响的剧种，将中国的戏曲艺术推进到一个新的高度。

（六）近代（革新期）

辛亥革命前后，一批有造诣的戏曲艺术家从事戏曲艺术改良活动，著名的有汪笑侬、潘月樵、夏月珊等，他们为以后的戏曲改良积累了宝贵的经验。从 1919 年“五四运动”到中华人民共和国成立，在这段时期内，一些有志之士对戏曲进行了改革。梅兰芳在“五四”前夕演出了《邓粗姑》《一缕麻》等宣传民主思想的时装新戏，周信芳、程砚秋等也创作了不少的作品。袁雪芬则高举越剧改革之大旗，主演鲁迅名著《祥林嫂》，在中国戏曲中率先形成了融合编、导、舞、音、美为一体的综合艺术机制，率先开始了中国戏曲艺术大写意与大写实相结合的机制。

（七）现代（争辉期）

新中国成立后，涌现了一批优秀剧目，如京剧《将相和》《白蛇传》，评剧《秦香莲》，越剧《梁山伯与祝英台》，昆剧《十五贯》等，著名历史学家吴晗还撰写了历史京剧《海瑞罢官》。后来，又陆续推出一系列优秀作品，如京剧《白毛女》《红灯记》《奇袭白虎团》，越剧《西厢记》，评剧《刘巧儿》，沪剧《芦荡火种》，豫剧《朝阳沟》等。粉碎“四人帮”后，发展了戏曲艺术队伍，为群众喜爱但被停演或遭到批判的大量传统剧，如京剧《谢瑶环》，莆仙剧《春草闯堂》，吕剧《姊妹易嫁》等也得以重新上演。戏曲艺术发展到今天，经过不同的时代，不断适应新时代、新观众的需要，保持和发扬民族传统的艺术特色。戏曲界提出的“现代化”与“戏曲化“的问题，已成为新的历史时期积极探讨和积极实践的问题。

二、中国戏曲的艺术特色

（一）戏曲艺术特征

综合性、虚拟性、程式性，是中国戏曲的主要艺术特征。这些特征，凝聚着中国传统文化的美学思想精髓，构成了独特的戏剧观，使中国戏曲在世界戏曲文化的大舞台上闪耀着独特的艺术光辉。

1. 综合性

中国戏曲是一种高度综合的民族艺术。这种综合性不仅表现在它融汇各个艺术门类（诸如舞蹈、杂技等）而出以新意方面，还体现在它精湛涵厚的表演艺术上。各种不同的艺术因素与表演艺术紧密结合，通过演员的表演实现戏曲的全部功能。其中，唱、念、做、打在演员身上的有机构成，便是戏曲综合性最集中、最突出的体现。唱，指唱腔技法，讲究“字正腔圆”；念，即念白，是朗诵技法，要求严格，所谓“千斤话白四两唱”；做，指做功，是身段和表情技法；打，指表演中的武打动作，是在中国传统武术基础上形成的舞蹈化武术技巧组合。这四种表演技法有时相互衔接，有时相互交叉，构成方式视剧情需要而定，但都统一为综合整体，体现出和谐之美，充满着音乐精神（节奏感）。中国戏曲是以唱、念、做、打的综合表演为中心的富有形式美的戏剧。

2. 程式性

程式是戏曲反映生活的表现形式。它是指对生活动作的规范化、舞蹈化表演并被重复使用。程式直接或间接来源于生活，但它又是按照一定的规范对生活经过提炼、概括、美化而形成的。此中凝聚着古往今来艺术家们的心血，它又成为新一代演员进行艺术再创造的起点，因而戏曲表演艺术才得以代代相传。戏曲表演中的关门、推窗、上马、登舟、上楼等等，皆有固定的格式。除了表演程式外，戏曲从剧本形式、角色行当、音乐唱腔、化妆服装等各个方面，都有一定的程式。优秀的艺术家能够突破程式的某些局限，创造出具有自己个性的规范艺术。程式是一种美的典范。

3. 虚拟性

虚拟是戏曲反映生活的基本手法。它首先是指以演员的表演，用一种变形的方式来比拟现实环境或对象，借以表现生活。中国戏曲的虚拟性首先表现为对舞台时间和空间处理的灵活性方面，所谓“三五步行遍天下，六七人百万雄兵”“顷刻间千秋事业，方丈地万里江山”“眨眼间数年光阴，寸炷香千秋万代”这就突破了西方歌剧的“三一律”与“第四堵墙”的局限。其次是在具体的舞台气氛调度和演员对某些生活动作的模拟方面，诸如刮风下雨、船行马步、穿针引线等等，更集中、更鲜明地体现出戏曲虚拟性特色。戏曲脸谱也是一种虚拟方式。中国戏曲的虚拟性，既是戏曲舞台简陋、舞美技术落后的局限性带来的结果，也是追求神似、以形写神的民族传统美学思想积淀的产物。这是一种美的创造。它极大地解放了作家、舞台艺术家的创造力和观众的艺术想象力，从而使戏曲的审美价值获得了极大的提高。

（二）戏曲艺术品貌

1. 以歌舞演故事

一般来说，古代各个民族在前艺术阶段（原始宗教阶段），各种艺术因素的萌芽是综合在一起的。到艺术阶段，欧洲各艺术种类逐渐趋于分化。譬如在古希腊时代的欧洲戏剧是有歌有舞的，后来经过索福克勒斯、欧里庇得斯等人的改革，歌（舞）队渐渐失去作用，成为以对话、动作为手段的单纯戏剧。这种戏剧由诗的对话演变为完全模仿生活语言的对话，由诗剧转化为话剧。而歌、舞分化出去，以歌剧、舞剧的形式在整个戏剧领域各占一席之地。

中国戏曲的情况就不同了，它始终趋于综合，趋于歌、舞、剧三者的综合。从秦（前 221—前 206）汉（前 206—220）俳优作为中国早期戏曲渊源起，中间经历汉代百戏，唐代（618—907）参军戏，直至宋代（960—1279）南戏、元代（1279—1368）杂剧，这是一门艺术由简单到复杂、由低级向高级的发展过程。在这个过程中，为了能把五光十色的人间生活都铺展于小小的舞台，也为了使平素过着单调枯燥日子的百姓能在观剧中感受到种种意想不到的精神刺激，它不断地吸收其他姐妹艺术，如诗歌、音乐、舞蹈、绘图、说唱、杂技、武术等诸多营养，逐渐成为一种包容广泛，花样繁多得令人目不暇接的综合性艺术。换句话说，中国戏曲是在文学（民间说唱）、音乐、舞蹈各种艺术成分都充分发展且相互兼容的基础上，才形成了以对话、动作为表现特征的戏剧样式。

2. 远离生活之法

中国戏曲的对话是音乐性的、动作是舞蹈性的，而歌和舞的本身，就决定了它的外在形式要远离生活、变异生活，使之具有节奏、韵律、整饬、和谐之美。中国戏曲艺术比一般的歌舞还要远离、变异生活。表演者的化妆服饰、动作语言颇有“矫情镇物，装腔作势”之感，而这样做是为了把普通的语言，日常的动作，平淡的感情强化、美化、艺术化。为此，中国的戏剧艺术家长期揣摩说白、咏歌、舞蹈（身段）、武打的表现技巧和功能，呕心沥血，乐此不疲。久而久之，他们创造、总结、积累了一系列具有夸饰性、表现性、规范性和固定性的程序动作。任何一个演员走上中国戏曲舞台，他要表演“笑”的话，就必须按照极具夸张、表现性和且被规范固定了的“笑”的程序动作去做“笑”的表演。即使在今天，也仍如此。远离生活形态的戏曲，依旧是以生活为艺术源泉的。由于中国戏剧家对生活既勤于观察，又精于提炼，因此能精确又微妙地刻画出人物的外形和神韵，做到神形兼备。

脸谱、蟒袍、帽翅、翎子、水袖、长胡子、厚底靴、兰花手以及奇奇怪怪的兵器、道具，也无不是凝固为程式的东西。它们都以动人的装饰美、色彩美、造型美、韵律美，有效地增强了演出的艺术吸引力，赢得中国观众的认可与喜爱。

中国戏曲艺术连一颦一笑都要远离自然形态的原因可能是很多的。但这门艺术的大众娱乐性、商业性和戏班（剧团）物质经济条件的薄弱，显然是一个重要的促进因素。在中国古代，戏曲演出常在广场、寺庙、草台或院坝，而在乡镇农村，又多是剧场与市场的合一。成千上万的观众聚拢，如潮的人声夹着摊肆的嘈杂。处在这样的条件与环境下，艺人们为了不让戏剧淹没在喧嚣之中，不得不苦心孤诣地寻求突出自己存在和影响的有效手段。正是这个顽强地表现自我、扩张自我的出发点，使他们摸索出以远离生活之法来表现生活的艺术规则：高亢悠扬的唱腔配以敲击有力的锣鼓，镶金绣银的戏衣衬着勾红抹绿的脸谱，火爆激烈的武打，如浪花翻滚的长髯……这一法则的实践结果，已不只是造成赏心悦目，勾魂摄魄的审美效应。更为重要的是，舞蹈表演的程式规范化，音乐节奏的板式韵律化，舞台美术、人物化妆造型的图案装饰化，连同剧本文学的诗词格律化，共同构成了中国戏曲和谐严谨、气韵生动、富有高度美感的文化品格。

3. 超脱的时空形态

既然承认戏就是戏，那么中国戏曲舞台上讲究的就是真真假假、虚虚实实的"逢场作戏"，十分鲜明地标举戏剧的假定性。而这与西方戏剧一贯采用的幻觉性舞台艺术处理原则非但不同，且完全相反。在西方人们走进剧场，自大幕拉开的那一刻，戏剧家就要千方百计地运用一切可能的舞台手段，去制造现实生活的幻觉，让观众忘记自己在看戏，而是像身临其境一般沉浸在舞台上创造出来的生活环境与气氛之中。为此，西方的戏剧家将舞台当作相对固定的空间。绘画性和造型性的布景，创造出戏剧需要的规定情景。人物间的一切纠葛都放到这个特定场景中来表现、发展和解决。在同一场景里，情节的延续时间和观众感到的实际演出时间亦大体一致。这就是西方戏剧舞台的时空观，其理论依据是亚里士多德说，它的支撑点是要求艺术真实地反映生活。

在中国，戏剧家不依靠舞台技术创造现实生活的幻觉，不问舞台空间的使用是否合乎生活的尺度，也不要求情节时间和演出时间的大体一致。中国戏曲舞台是一个基本不用布景装置的舞台。舞台环境的确立，是以人物的活动为依归。即有人物的活动，才有一定的环境；没有人物的活动，舞台不过是一个抽象的空间。中国戏曲舞台上的时间形态，也不是相对固定。它极超脱、流动，或者说是很"弹性"的。要长就长，要短就短。长与短，完全由内容的需要来决定。

中国戏曲这种极其超脱灵动的时空形态，是依靠表演艺术创造出舞台上所需的一切。剧本中提示的空间和时间，是随着演员的表演所创造的特定戏剧情景而产生的，并取得观众的认可。

中国戏曲的超然时空形态，除了靠虚拟性的表现方法之外，还与连续性的上下场结构形式相关。演员由上场门出，从下场门下，这上下与出入，非同小可，它意味着一个不同于西方戏剧以景分幕的舞台体制。演员的一个上、下场，角色在舞台上的进进出出，实现着戏剧环境的转换并推动着剧情的发展。比如在京剧《杨门女将》里，紧锣密鼓中，扎靠持枪的穆桂英从上场门英气勃发而来，舞台就是校兵场，她这时已是在校场操练兵马，然后从下场门回到营房。中国戏曲这种上下场形式，结合着演员的唱念做打等技术手段，配以音乐伴奏，有效地表现舞台时间、空间的更替和气氛的变化，使舞台呈现出一幅流动着的画卷。在一场戏里，通过人物的活动，也可以从一个环境迅速而轻松地转入另一个环境。只要人物摇摇马鞭，说句“人行千里路，马过万重山”，中国观众立即就会明白他走了千里路途，从一个地方来到了另一个地方。

4. 虚拟手法（舞台结构之核心）

中国戏剧超然灵活的时空形态是依靠表演艺术创造的，这是由于中国戏曲艺术有着一整套虚拟性的表现方法。这是最核心的成因。

一个戏曲演员在没有任何布景、道具的情况下，凭借着他（她）描摹客观景物形象的细致动作，能使观众了解他（她）扮演的这个角色当时所处的周围环境。如淮剧《太阳花》燕坪报警一折里，运用鹞子翻身程式，使观众了解燕坪为报警的心中紧迫感，以及翻越崇山峻岭的内容，还能使观众了解他（她）真的在干些什么。再如淮剧《柜中缘》中的玉莲在缕线、挽绊、穿针、引线、刺绣，都能通过微妙的虚拟式，让观众一目了然知道她在想什么做什么。所以，这种表演的虚拟性，不单单是用自己的动作虚拟某种客观物象，还要借这种状物绘景，来表现处在这种特定环境中人物的心理情绪。从这个意义上来讲，虚拟方法又起着把写景写情融为一体的积极作用。中国戏曲的虚拟性给剧作家和演员以极大的艺术表现自由，拓宽了戏剧表现生活的领域。在有限舞台上演员运用高超的演技，可以把观众带入江流险峰，军营山寨，行舟坐轿，登楼探海等多种多样的生活联想中去，在观众的想象中共同完成艺术创造的任务。这恐怕就是何以在一无所有的舞台上，中国戏曲得以再现五彩缤纷的场景和千姿百态的人生的原因了。

需要说明的是，虚拟手法的确使一座死板的舞台变得来去自由，但这种自由决非不受任何制约，它还是有所制约。这就是要受艺术必须真实地反映生活这个基本规律的制约。因此，舞台的虚拟性必须和表演的真实感结合起来才行。比如在“趟马”（一套骑马的虚拟动作）中“马”是虚的，但马鞭是实的。演员扬鞭、打马的动作必须准确且严谨，符合生活的客观逻辑（如《蓝齐格格》中的趟马）。高度发扬戏剧的假定性，与此同时又极追求模拟生活形态的真实性，达到虚拟与真实相结合的效果。尤其是出色的演员在表演中往往能将两者结合得天衣无缝、流畅自然，让富有生活经验的观众一看便懂。

第五章　文化自信视域下中华优秀传统文化传承路径

“文化是民族的血脉，是人民的精神家园。文化自信是更基本、更深层、更持久的力量。中华文化独一无二的理念、智慧、气度、神韵，增添了中国人民和中华民族内心深处的自信和自豪。”国人的自信，民族的自豪来源于文化的自信，来源于中华优秀传统文化的“源头活水”对文化自信的给养。只有以追本溯源的执着定位中华优秀传统文化在文化自信中的地位，以一脉相承的牵绊，厘清中华优秀传统文化与文化自信的关系，才能道清中华优秀传统文化现代性传承的路径，以自信的魄力实现中华优秀传统文化的现代化融合。

第一节　概念锁定传统文化地位，内涵划定传统文化圆周

一、定位传统，厘清源头

概念梳理，文化定位。文化是一个生生不息的运动过程，任何一种民族文化，都有它发生、发展的历史，都有它的昨天、今天和明天。梁启超先生指出：“文化者，人类心能所开释出来之有价值的工业也。”这种广泛意义上的“大文化”是理解中华优秀传统文化是文化自信的“源头活水”时应立足的天地。中华文化是以文化的民族性和国度性为依据，以地理环境为依托划定的文化概念。中华传统文化则是融合了地理性和历史性进而在时空中划出的一片文化领域。“昨天”的中华文化，具体指1840年鸦片战争以前的中华文化。中华传统文化是我们先辈传承下来的丰富遗产，是历史的结晶，并不只是博物馆里的陈列品，而是有着鲜活的生命。正如黑格尔所说：“传统并不仅仅是一个管家婆，只是把它所接受过来的忠实地保存着，然后毫不改变地保持着并传给后代。它也不像自然的过程那样，在它的形态和形式的无限变化与活动里，永远保持其原始的规律，没有进步。”传统是社会的一种生存机制和创造机制，借助于它，

历史才得以延续，社会的精神成就和物质成果才得以保存和发展。

把握优秀，厘清源头。中华传统文化源远流长、博大精深的特质不仅给文化继承提供了丰富的资源，也给文化传承带来了因袭的负重。由于对自身的传统认识和外部环境的客观把握都不够透彻，这样一年年、一代代的传承难免泥沙俱下、良莠不齐。中华优秀传统文化概念的提出，让探索文化的眼光从纷繁、迷茫中定位到优秀的内核，既能从头到尾地了解传统文化的发展历程，又能避免被无法穷尽的枝节材料所淹没，量上的减少为找寻最核心的质节省了精力。外延的收缩、内涵的提炼，让我们认清了中华优秀传统文化是现时代国家、社会、个人应该忠实坚守的文化自信的“源头”。

二、认识内涵，划定圆周

文化有广义和狭义之分，隐性和显性之别。中华优秀传统文化是中华传统文化的组成部分，它既有文化的共性，也有自身的个性。因此，在探讨其内涵时，可以从共性角度对中华优秀传统文化进行显性和隐性两方面的考察，从而划定优秀传统文化的圆周，在既定的范围内给文化自信输送“活水”。

一方面，显性文化是人的本质力量的对象化。首先，表层显性文化特指器物层面的文化实体，即由“物化的知识力量”构成的物态文化层。“它是人的物质生产活动及其产品的总和，是可感知的、具有物质实体的文化事物，构成整个文化创造的基础。”其用途能满足人类最基本的衣、食、住、行的生存需要、生产生活的劳动需要以及休闲娱乐的精神需要。其材料是人类主体通过社会实践活动，利用、改造自然界客体而创造出来的包含人的价值取向的产品。其次，中层显性文化指在人类社会实践中形成的各种社会规范和社会组织，即制度文化层。物的文化生产过程形成一定规模进而成为一种社会的活动，必然会结成一定的社会关系。马克思曾说动物也生产，它也为自己营造巢穴或住所，但是，动物只生产它自己直接需要的东西，其生产是片面的，而人的生产是全面的。“动物只生产自身，而人再生产整个自然界。”人类高于动物的根本之处在于人不仅进行满足直接肉体需要的生产，而且进行摆脱这种需要支配的真正的生产。在对对象世界的改造中，使自然界表现为他自身的创造物和他的现实性，从而创造出一个属于他自己、服务于他自己，同时又约束他自己的社会环境即“人化自然”，这便是人通过不断反观自身的实践达到的“自然人化”过程，创造的“人化自然”结果。人在“人化自然”中创造准则，并将其规范为社会制度，固化为社会组织，上升为政治制度。最后，深层显性文化即精神文化层，包含社会意识和社会思想。“社会意识形态则指经过系统加工的社会意识，它们往往是由文化专家对社会心理进行理论归纳、逻辑整理、艺术完善，并以物化形态——通常是著作、艺术作品固定下来，播之四海，传于后世。”如政治理论、法权关系、宗教信仰、文学艺术等。而社会思想除一些学术思想和成一家之言的学派观点之外，其思想的最高抽象和凝练便是哲学思维。

另一方面，隐性文化是人的本质力量的内在化，体现在心理潜意识和符号上。第一，人类社会实践和意识活动中长期孕育出的思维方式、价值观念、审美情趣以及由心理动机而产生的行为模式均属于心理文化层的范畴。第二，符号中的言语符号包括声音言语、文字言语、图形言语和非言语符号中的情态言语、体态言语既为人类文化的传承提供了载体，又是人类文化的重要组成部分。特别是汉字作为文字言语同中华传统文化有着极为密切的关系。它既是中国文化的重要文化事项之一，又是中华文化中其他文化事项的载体。通过对中华优秀传统文化显性和隐形内涵的范畴界定，我们便能在既定的文化圆周中甄别文化自信建设的营养成分，清除源头的污染物，从而保证汇入文化自信的中华传统文化的优秀纯洁。

第二节　面对传统文化现代化危机，树立传统文化塑造性意识

传统文化是文化自信的“活水”还是“死水”？这类问题是大而无当的假问题，真正该探讨的问题应该是传统文化的某一部分是否，以何方式，在多大程度上影响、制约着我们今天的生命活动？我们应该怎样去塑造新的传统？为此，笔者将所探讨的文化定位于中华优秀传统文化，在这样的大前提下回答传统文化是文化自信的“活水”还是“死水”的问题就显得有话可说、有理可持。

“活水”既有流淌之势，又有动态之感。中华优秀传统文化的“活水”在“过去”往“现在”流向“未来”的历程中，我们不仅看到文化基因的悠久沉淀，更体会到传统文化血脉如水般难以割断。费孝通先生曾认为，“文化自信指的是生活在一定文化历史圈子的人对其自身文化的自我觉醒、自我反省和自我创建，对文化的发展历程和未来有充分的认识”。因此，当传统文化自信遇见现代文化自信时，不同支流的活水是泾渭分明还是兼容并蓄？这个问题在中华优秀传统文化与文化自信的融汇中难以避免，面对传统与现代的张力，两种不同的表现形式让传统文化存在着“活水”变成“死水”的危机。

一、破除投鞭断流式全盘否定，寻找自身传统的自信曙光

“全盘西化论”与“彻底重建论”否定传统文化的合理性。中华优秀传统文化的

“活水”经过几千年的流淌进入了现代化的大门。在现代化的进程中一些学者倡导“冲击反应”论，认为以儒学为核心的中华优秀传统文化是一个内部缺乏活力的惰性体系。它长期停滞不前，只有在西方文化的冲击下，才被迫做出反应，被迫向近代转变。这一观点虽肯定了近代西方文明对中国近代化进程的历史推动作用，但具有一定的片面性，它仅看到传统文化在这一进程中的消极阻碍性，从而单方面认定传统文化是中国近现代发展中的阻碍。在片面性思想的发酵下易产生“全盘西化论”“彻底重建论”等投鞭断流式的对中华传统文化全盘否定的倾向。“全盘西化论”认为西方皆优，自身皆劣，对传统文化怨天尤人、满腹牢骚，在妄自菲薄中丧失了民族自豪感和文化自信心。“彻底重建论”则认为必须对中华传统文化进行全力的动摇、震荡，使之彻底解体，尽速消亡，倡导想要建设中国新文化，“必须进行彻底的反传统”“断裂传统”“以反传统来继承传统”，甚至宣传反传统是永远不悔的旗帜。

无论是“全盘西化论”还是“彻底重建论”都是对自身文化的不自知、不认同、不自信。“人贵有自知之明”，民族也是一样，唯有客观把握自己的缺点，才能舍旧取新，大步前进，唯有了解自己的优良传统，才能保持高度的文化自信。优良传统中的家国天下的经世理想、穷变通久的变易哲学、民贵君轻的民本意识、自强不息的进取态度都是连接中华优秀传统文化与文化自信建设的纽带。这些传统文化内在的活力因素必然唤醒文化的自信。把握自己的文化，认识到传统文化本身内在的活力因素，这是中华优秀传统文化在面对历史和时代的阻碍时，冲破窒息流淌的束缚，寻觅传统现代化发展的曙光、建设文化自信的希望所在。

二、冲破泥沙俱下式全盘接受，恢复文化传统的自信信念

泛化优秀，全盘接纳。对中华传统文化不加辨识，夸大传统文化内部的优秀成分，以偏概全，只看到其丰富的精神内涵，忽视其中的荒杂内容。将中华优秀传统文化泛化为中华传统文化的文化保守主义者倡导复兴儒学，认为中国社会出路的解决在于文化出路的解决，而文化出路的根本解决在于儒学的复兴。但是作为中华传统文化核心的儒学思想本身并不是尽善尽美的，更不是包治百病的良方。从儒家思想本身的优劣不齐来看，如果说完全恢复儒学的地位，充分恢复传统文化在中国的统治地位并指导中国的文化建设，这无疑会给文化自信本身带来不自信。若中华传统文化是文化自信的优良补给，必然会因源头的不纯洁而污染文化的自信，从而窒息文化自信的活力，动摇文化自信的信念。

把握“传统”与“文化传统”，澄清全盘接受的误区。从传统角度来看，“传统”本质首先是“传”，它应该是动态的、富有生命力的东西，因此具有“传下去”的合理性和必然性。正如黑格尔曾经讲“凡是现实的都是合理的”。这里的“理”也昭示着一

种文化传统，即符合社会规范之理。合理的文化是时代选择的结果，是文化内在机制调节的结果。在历史演变的大背景下，中华优秀传统文化是时代“合理性”积聚的结晶。从文化传统角度来看，“所谓文化传统，就是受特定文化类型中价值系统的影响，经过长期历史积淀而逐渐形成的、为全民族大多数人所认同的思想和行为方式上的难以移易的心理和行为习惯”。当文化传统这种事实判断的范畴与民族文化的“基本精神”“民族精神”相结合时，在价值指向上，就有优秀与否之分。因此，只有优秀的传统文化才能指引文化传承的现代性路径，才能是文化自信最深厚的文化基因。

第三节　四维度建构传承网络，三立足夯实传承基石

在新民主主义革命时期，毛泽东汲取前人智慧，结合党内外意见，指出：研究党史的根本方法是全面的历史的方法并将其称之为“古今中外法”，即弄清楚所研究问题发生的一定时空，把问题当作一定历史条件下的历史过程去研究。对于文化研究来说，“古今”就是从时间角度把文化及其传统看作是历史地发展着的；“中外”就从空间角度正确处理民族文化和外来文化的关系。

因此，对于中华优秀传统文化，在讴歌中探索，在自豪中反思，在固守中并蓄，在传承中创新。我们要树立四个维度：古、今、中、外；坚守三个立足点：建筑、活动、精神。只有这样的传承拓展，才是丰富中华文化，建设文化自信的王道。但是百年实践探索中仍存在建筑单一趋同化，教育机械形式化，精神空洞亵渎化的趋向。毫无疑问，没有中华传统建筑就没有中华文化固化。没有生产教育宣传就没有中华文化活化。没有传统敬畏精神就没有中华文化神化。

一、四个维度构建，古今中外贯穿

（一）探古寻根，清澈源头

讲清中华优秀传统文化的价值理念、深邃内涵、鲜明精神，探清中华优秀传统文化的历史渊源、发展脉络、基本走向，在探古寻根中增强文化自信。

横向领会中华优秀传统文化内涵，在浩瀚广博中树立自信。中华优秀传统文化实质上是民族精神的具体表现。在中华文化基本精神的主体内容方能领会传统文化的丰富内涵。“天地与我并生，万物与我为一”的精神境界，“人事为本，天道为末”的人本意识，“苟利国家生死以，岂因祸福避趋之”的报国情怀，“富贵不能淫，贫贱不能移，威武不能屈”的浩然正气等，都体现了中华民族的优秀传统文化和民族精神，都是不应该忘却的“本来”和“初心”。我们要扩宽传统文化的圆周，在更广阔的天地感悟文

化的广博，坐井观天、一叶障目只会滋长自负的情感。唯有眼界开、认识深、站得高，方知宇宙之大、人之渺小，从而端正对中华优秀传统文化的态度，树立文化自信。

纵向探寻中华优秀传统文化根源，在历史流动中沉淀自信。列宁说过："只有确切了解人类全部发展过程中所创造的文化，只有对这种文化加以改造，才能建设无产阶级的文化。没有这样的认识，我们就不能完成这项任务。"我国现今建设文化自信，必须对中华传统文化的历史进行科学的考察和分析，从而对传统文化史做出科学的总结，端正对传统文化的看法。从上古时代至西汉时期，中华文化独立流淌，滋润华夏一方土地。两汉佛教的传入，与中国固有的传统思想既相互对峙又相互影响。在彼此融汇过程中，中国佛教已接受中国本土思想的熏陶而凝铸在中华传统文化之中。明代后期，因传教士来华带来了西方的自然科学知识。在西学东渐的风气下，简单模仿并不能解除民族的危机。马克思主义在中国的传播，也使中华文化的发展进入一个新的阶段。在文化史探究中与中华文化从古至今的纵向流动中，其创造性、延续性、兼容性的特点让中华优秀传统文化焕发出不懈的动力，凝结着历史的精华，它并不是博物馆里的陈列品，而是有着活的生命。历史探究，让我们认清现实发生的合理性和存在的必然性，即使局部存在着中华优秀传统文化与文化自信的碰撞，我们依旧会信心满满地进行先进文化建设。

（二）守望今朝，坚守活水

重视传播手段，加快传统文化现代化。我们大多数都感到"时代变了"，特别是当我们把自己和父母的生活相对比的时候，这种感觉便是我们对近代文化变迁最切身的感受。文化变迁并不仅仅出现在我们的文化中，在整个人类历史上，随着人们需要的变化，传统行为不断地被取代或被改变。中华传统文化在几千年的文化变迁中传承至今，眼下的中华优秀传统文化仍然面临着变迁、面临着现代化的问题。自身文化通过创造性转化，创新性发展实现文化自立、自强。优秀文化只有借助传播手段才能让国人接受，让世人尊重。文化传播不仅在传播方式上存在着"地理文化中心论"，即以一个地理文化中心（埃及），随后，在其他各民族与其接触中，传播扩散到世界各地，与"平行传播论"，即认为世界上存在着一道传播着几个不同的文化复合体，而且在传播内容上也形式多样，不管是打上文化烙印的实体还是无形思想的传播都属于传播的对象。

传播社会主义核心价值观必须立足中华优秀传统文化。因为优秀传统文化是中华民族的精神命脉，是涵养社会主义核心价值观的重要源泉，也是我国在世界文化激荡中站稳脚跟的坚实根基。成体系的核心价值观有其固有的根本。抛弃传统、丢掉根本，就等于割断了自己的精神命脉。新时代提出的社会主义核心价值观，把涉及国家、社会、公民的价值要求融为一体，既体现了社会主义本质要求，继承了中华优秀传统文化，又吸收了世界文明的有益成果，再现了时代精神。核心价值观传承着中华优秀传统文化的基因，寄托着近代以来中国人民上下求索、历经千辛万苦找寻的理想和信念。我们要在全社会广泛传播社会主义核心价值观，积极吸取中华优秀传统文化中与时俱进的新内容，不断补充价值观的建设，让社会主义文化更加自信，让中华民族更加自信、自立、自强。

（三）立足中华，捍卫清流

清理失衡环境，捍卫文化自信。文化是民族进步的灵魂，文化软实力是国家精神的纽带。中国文化经历了20世纪以来的心酸历程。当今中国倡导文化自信的首要一步便是肃清文化生态环境。“文化生态环境”是指由构成文化系统的各种内、外要素及其相互作用所形成的生态关系。中华文化发展的堪忧现状表现为文化生态的失衡——民族传统文化常常被误解，高雅文化、精英文化市场日渐萎缩，而娱乐文化则大行其道。培育良好的文化生态最有效的措施是政府发挥激浊扬清的作用，肃清文化生态环境，为文化自信保驾护航。

首先，组织领导统率传统文化传承路径。各级党委和政府要从坚定文化自信、坚持和发展中国特色社会主义、实现中华民族伟大复兴的高度，切实把中华优秀传统文化传承发展工作摆上重要日程。党的十八大以来，以习近平同志为核心的党中央高度重视中华优秀传统文化的传承发展，始终从中华民族精神追求的深度看待优秀传统文化，从国家战略资源的高度继承优秀传统文化，从推动中华民族现代化进程的角度创新发展优秀传统文化，使之成为实现“两个一百年”奋斗目标和中华民族伟大复兴中国梦的根本力量。其次，政策保障捍卫传统文化传承路径。加强中华优秀传统文化传承发展相关扶持政策的制定与实施，注重政策措施的系统性、协同性、操作性。加大中央和地方各级财政投入力度，支持中华优秀传统文化传承发展重点项目建设，制定文物保护和非物质文化遗产保护专项规划等都是传统文化发展必不可少的政策性路径。最后，文化法治环境护航传统文化传承路径。文化自信离不开传统传承、现代规划的引导，更离不开文化法律建设的推动和保障。立法的宗旨是为了加强公共文化服务体系建设，弘扬社会主义核心价值观，增强文化自信，提高全民素质，营造健康文化法治环境。第一，立法保障。逐步建立中国特色社会主义文化法律体系和制定一系列与之配套的制度与机制，为文化市场、文艺创作、遗产保护、文化安全提供重要保障。第二，执法监督。提高文化系统的依法行政能力，满足人民的文化权益，加大文化执法行为的监督，对涉及保护传承弘扬中华优秀传统文化的相关法律法规的施行力度进行重点监督检查。第三，法治宣传。在全社会宣传营造守法光荣、违法可耻的氛围。增强全社会依法传承发展中华优秀传统文化的自觉意识，形成礼敬守护和传承发展中华优秀传统文化的良好法治环境。

（四）放眼国外，百川汇海

马克思说："过去那种地方的和民族的自给自足和闭关自守状态，被各民族各方面的互相往来和各方面的互相依赖所代替了。物质的生产是如此，精神的生产也是如此。各民族的精神产品成了公共的财产。民族的片面性和局限性日益逐渐变为不可能，于是，有许多种民族的和地方的文学形成了一种世界的文学。"开放世界的八面来风驱散了曾经笼罩在民族心头的封闭阴云。人类各民族相互交流的深度和广度都在不断拓展。在这样的时代大潮中，中华优秀传统文化将以怎样的姿态参与世界文化的合作、交流，即中华优秀传统文化的适应性问题。张岱年曾说："文化的发展规律是：一个民族的文化只有遇到更先进的文化，在冲突与融合中才能更新发展。"相比其他国家文化的开放程度，中华文化的适应能力是比较弱的，在中国地理环境、经济方式和制度传统的影响下，产生了强烈的文化优越感和自我中心的文化心态。在文化自负心理的发酵下，这种自我本位,视"华夏"文明高明而精微,"外来"文化低劣而粗浅。近代的落后挨打，让一部分国人改变了这一看法。但是，时至今日，仍然存在着对中西文化融合道路的分歧。就文化本身而言，中西文化无优劣之分，即使评判高低，中华文化悠久的历史、渊源的内容也更胜一筹。之所以在传统文化与世界文化交流适应中表现出弱势和消极之感，这并不是文化本身造成的，而是取决于文化背后的经济因素。这其中最关键的便是科学技术的作用。

（五）科技助跑，自信交往

科技创新推动的首次工业革命，诞生了大工业，孕育了现代市场。马克思曾说："资产阶级除非对生产工具，从而对生产关系、对全部社会关系不断地进行革命，否则就不能生存下去。"资产阶级，由于一切生产工具的迅速改进，由于交通的极其便利，把一切民族甚至最野蛮的民族都卷到文明中来。在发达国家和落后国家的文明冲突中，落后国家必然会主动或被动地学习先进国家的科技成果，甚至产生崇尚西方文明、贬低自身传统的不自信思想。因此，中西文化应秉承平等交流的理念，强化自身开放和适应性。不仅需持有平等观念、全球观念等现代意识，而且需发展科学技术，赶上西方科技的步伐，用硬实力支持软实力的建设，在中西文化交流中彰显自信的民族文化。

二、立足回归文化初心：建筑固化、活动活化、精神神化

（一）建筑：固化文化，积淀自信

建筑是凝固的艺术，是固化的文化。建筑的本质是为了栖息，但是人们在生产过程中会不经意留下自己文化的影子。中国古代建筑从有据可依的西安半坡圆形和大方形住房，就一直同自身文化观念和与之相适应的审美趣味相联系。中国建筑的根本特

色是由中华文化的特点决定的。建筑提倡“透风漏日”。从门窗到亭台廊榭的设计均得自然之动景，感宇宙之情韵，体现了中华文化气化流动、衍生万物的宇宙观。宫殿建筑的阳刚和园林建筑的阴柔生动凝练了儒家阳刚和道家阴柔之美。建筑的最高境界“和”是艺术家将中华文化“和”的基本精神运用到固态艺术上的再现。

秉承保护方针，建设城镇文化。《威尼斯宪章》指出：“世世代代的历史古迹，饱含着过去岁月的信息而遗存至今，成为人们古老的活的见证。……将它们真实的、完整地传下去是我们的职责。”也就是说，建筑文化遗产的价值，根本在于它能见证历史，即它的历史价值。我国保护传承文化遗产秉承着“坚持保护为主、抢救第一、合理利用、加强管理”的方针，积极做好文物保护工作，加快新型城镇化进程。因此，我们要坚守传统文化遗产保护原则，加强传统文化建筑群的保护，建立历史文化名城、名镇、名村等特色文化传承区域，进行集中重点完善，发展文化特色区域旅游产业。目前，城镇化发展的蓝图依旧在更加清晰和细致地描绘，城镇化“望得见山、看得见水、记得住乡愁”的美好愿景也有很大推进。但是，在城镇化高楼大厦平地起的光鲜外表下，人们在眼花缭乱中总是感到冰冷与陌生。工业文明标准化的追求，容易导致城市建筑的千篇一律、千城一面，城市发展中个性的缺失、文化的缺失让人们失去了熟悉的味道。“钢铁＋混凝土＋玻璃幕墙”的冰冷让建筑急需灵魂的注入、急需传统文化的支持。文化是一座城的灵魂，只有文化的浸润，城市建筑才能彰显其魅力。因此，城镇建筑的建设必须与传统文化相结合，将文化元素、文化脉络融入建筑之中，搞好城镇文化生态，使建筑有灵魂，使城市有传统，使文化有自信。

（二）活动：活化文化，激发自信

传统是社会的一种生存机制和创造机制。借助于它，历史才得以延续，社会的精神成就和物质成就才得以保存和发展。正因为如此，文化传统并非仅仅停滞于博物馆的陈列品和图书馆的线装书之间，它还活跃在今人和未来人的实践中。

首先，文艺创作实践活跃传统文化传承。善于从中华文化资源宝库中提炼题材、获取灵感、汲取养分，把中华优秀传统文化的有益思想、艺术价值与时代特点和要求相结合，运用丰富多样的艺术形式进行当代表达，推出一大批底蕴深厚、涵育人心的优秀文艺作品。只有自觉投身人民生产生活的伟大实践中，才能从最真实的人民生活出发，发现人民喜怒哀乐，创作出持续满足人民精神文化需求的良作。传统与现代结合的文艺作品才是不失本来又能开拓未来的精品，才能成为宣传文化自信的号角。

其次，教育、宣传实践搞活传统文化传承。第一，国民教育贯穿始终。围绕立德树人的根本任务，将中华优秀传统文化在广度上融入思想道德教育、文化知识教育、艺术体育教育各环节，在深度上贯穿启蒙教育、基础教育、职业教育、高等教育各领域。第二，宣传教育全面覆盖。综合运用报纸、书刊、电台、电视台、互联网站等各类载体，融通多媒体资源，统筹宣传、文化、文物等各方力量，创新表达方式，大力彰显中华文化魅力。在家庭教育中广泛开展文明家庭创建活动，挖掘家训、家书文化，为青少年营造良好的家庭文化环境。社会引导重视承接传统习俗、符合现代文明要求的社会礼仪，形成言行恰当、举止得体、礼让宽容的社会风尚。国家战略上加大对国家重要礼仪的教育宣传力度，彰显中华传统礼仪文化的时代价值，树立“文化大国”、礼仪之邦的自信形象。

最后，生产生活实践激活传统文化传承。一方面，用中华优秀传统文化的精髓涵养企业精神，培育现代企业文化。静态企业文化管理中重点组织企业文化的培育和养成。组织内在精神的提升及展示，组织规章制度的制定和明示，组织文化设施的建设和维护，组织经营文化的设计与传播。动态企业文化管理中重点组织文化的传播和弘扬。开展技术技能型文化活动增加工人劳动技能、开展生活福利型文化活动增加工人劳动保障、开展文体娱乐型文化活动增添工人劳动乐趣、开展制度创新型文化活动保障工人劳动公平。另一方面，深入发展传统体育，抢救传统体育项目，把传统体育项目纳入全民健身工程。加强体育健身意识，形成个人良好健康头脑，组织体育制度建设，完善体育竞赛、运动的法律法规。养成体育行为习惯，形成持久、有序、渐进的健康行为。在个人中营造健康体魄生态，在社会中形成健身文化理念，从而丰富文化自信的内容，彰显更广泛的文化自信。

（三）精神：神化文化，敬畏自信

传统敬畏涵养对中华优秀传统文化的敬畏之心。孔子有云：“君子有三畏：畏天命、畏大人、畏圣人之言。”强调敬畏自然，顺应万物本性，敬畏在人性中充分展现人性光芒的典范形象，敬畏洞悉天地之道而穷其理、敦风化俗的圣人之言。敬畏在一般意义上表达的是人们对社会生活严肃、谨慎和认真的态度，是人在面对庄严崇高事物时所产生的带有害怕、尊敬的感受，是对文化超然性的意识。对传统文化的敬畏之心是人类最可贵的自信。因为人是文化的存在方式，任何人都无法回避“我从哪里来”这一形而上的问题，都强烈渴望“安身立命”的根性回归，而这一问题在个体生命中是不能充分被说明的，只有从世代延续的人类发展历程中才能有效地回答。传统保护着我们，划定人性的圆周。基于民族传统的认同，我们才有安身的可能，才有自己的“文化身份”。基于社会生活，传统更维系着基本的社会秩序。因此，对自身民族文化传统葆有敬畏之心是文化自信最难得的初心。

自信缺失，弱化文化自信底气。中华优秀传统文化当今面临的最大困境就是对传统文化本身自信的缺失。中华文明历史悠久，这种传统的厚重感让我们身处其中而不自知，历史的飞快向前更淡化了对民族传统的自觉意识。在 20 世纪至今的百年流变中，中华优秀传统文化并没有在自觉中得到很好的传承，不可否认，文化建设依旧是我们的短板。我们时常感叹：中国是一个文化资源大国，却是一个文化产业小国。

文化自信首先来源于信仰，因相信而有敬畏之心。只有拥有敬畏之心，才会有“虽不能至，然心向往之”的敬仰之情，才会有摒弃糟粕，坚守底线的畏惧之情。当今的部分民众缺少对传统文化的敬畏之心，这种自信的缺失会弱化优秀传统文化作为中华民族精神血脉、文化基因的价值，甚至丧失整个民族的独特性和存在的现实性。

雄关漫道真如铁，而今迈步从头越。今天，文化建设的步伐依旧缓慢。为此，习近平总书记倡导“文化自信”。将其与制度自信、道路自信、理论自信并列，认为文化自信是更基本、更深层、更持久的力量，体现了党和国家对文化建设的高度自觉。在文化自信建设中，我们不仅要脚踏实地，将传统文化放于实践生活中，着眼于具体政策的实施、具体方案的出台，而且要仰望星空，置传统文化于浩瀚星空，心存敬畏。只有做到“口诵而得其教，心维而得其旨，体行而得其道”，才能在文化自信建设中有所为有所不为，坚守道德底线，坚守文化操守，从而坚守恒定的文化价值。

因此，我们要心存敬畏，视传统为“立命”之根。在文化自信建设中以神话般的敬畏尊重传统，严肃对待传统，这样才能找到传统文化传承发展的明确路径，这样我们的文化自信建设才不会迷失方向，我们的步伐才会更加矫健。

第六章　中华优秀传统文化传承与创新措施分析

第一节　中华优秀传统文化传承与创新的方向指引

中华优秀传统文化中蕴含着深邃的文化自信品格。这是我们党坚定中国特色社会主义道路自信、理论自信、制度自信的重要基础。中华优秀传统文化中蕴含着丰富的治国理政智慧，这是我们党领导人民在新的历史征途上优化治国理政的重要法宝。继承和弘扬中华优秀传统文化是中国共产党人一贯秉持的科学态度。弘扬中华优秀传统文化，实现中国梦必须要有坚强的领导核心。中国共产党既是中华优秀传统文化的忠实传承者，又是中国先进文化的积极倡导者和发展者。无论是弘扬中华优秀传统文化，还是实现中华民族伟大复兴的中国梦都是一项系统工程，都离不开党和政府的顶层设计，需要党的各项方针政策的支持和引导。

一、党和政府是弘扬中华优秀传统文化实现中国梦的领导力量

作为引领中华民族历经艰难斗争走向伟大复兴的核心政治力量，中国共产党从诞生起，就与中华优秀传统文化有着不可割裂的联系。习近平总书记曾深刻指出："中国共产党人是马克思主义者，坚持马克思主义的科学学说，坚持和发展中国特色社会主义，但中国共产党人不是历史虚无主义者，也不是文化虚无主义者。我们从来认为，马克思主义基本原理必须同中国具体实际紧密结合起来，应该科学对待民族传统文化，科学对待世界各国文化，用人类创造的一切优秀思想文化成果武装自己。在带领中国人民进行革命、建设、改革的长期历史实践中，中国共产党人始终是中国优秀传统文化的忠实继承者和弘扬者。"这一精辟论述，可以说是关于中国共产党与中国优秀传统文化关系问题的科学回答，厘清了我们的来路，也指明了我们的去向。在追求中华民族独立解放和伟大复兴的征途上，我们不仅继承并践行、弘扬了中华优秀传统文化的精神，还吸收了世界各国文化的合理成分特别是优秀思想文化成果，创新发展了中国特色的社会主义文化。

中国共产党领导中国人民广泛宣传和积极贯彻马克思主义指导思想，力排西方各种错误思潮的干扰，是中华优秀传统文化的拥护者和国家文化安全的捍卫者。随着改革开放的深入发展，我国经济实力逐步提升，人民的生活水平日益提高，但我国毕竟还处于社会主义初级阶段，人口多、底子薄，在发展中难免会出现诸多状况。与此同时，境外势力借各种错误社会思潮涌入中国，各种非马克思主义、反马克思主义思潮力图否定共产党的领导、否定马克思主义、否定社会主义。在这样一种状况下，中国共产党审时度势、高瞻远瞩，高举马克思主义指导思想，弘扬中华优秀传统文化精神，完善中国特色社会主义理论，对于保护我们的文化和维护意识形态安全具有重要的价值。面对新时代、新形势，我们必须时刻保持清醒的头脑，不被迷惑，坚定信念，保持定力，在中国共产党的坚强领导下，巩固文化阵地，凝聚复兴力量。

中国共产党是实现中华民族伟大复兴中国梦的领导力量。如何把一个拥有 14 亿人口规模的发展中大国带入现代化、实现民族复兴的“中国梦”，需要党的坚强领导，需要全国人民紧密地团结在党中央周围，坚定不移地推进改革开放，沿着中国特色社会主义道路奋勇前进。习近平总书记指出：“实现中华民族伟大复兴的中国梦，必须把我们党建设好。”近代以来的中国历史表明，只有中国共产党才能带领全国各族人民完成民族独立、人民解放的历史任务，绘制国家富强、人民富裕的历史蓝图，从而最终实现“国家富强、民族振兴、人民幸福”的伟大复兴中国梦。要更好地发挥中国共产党的领导核心作用，必须牢牢把握加强党的执政能力建设、先进性和纯洁性建设这条主线，必须坚持解放思想、改革创新的时代精神，必须坚持“党要管党，从严治党”的方针，从而不断提升党的创造力、凝聚力和战斗力。

中国共产党肩负着继续做好马克思主义与中华优秀传统文化有机结合、不断推进马克思主义中国化的重任。坚持中国共产党的领导，弘扬中华优秀传统文化，需要正确处理马克思主义与中华优秀传统文化之间的关系。习近平总书记指出，要始终坚持马克思主义指导和中国特色社会主义方向不动摇，强调“我们共产党人是坚定的马克思主义者，我们党的指导思想就是马克思列宁主义、毛泽东思想和中国特色社会主义理论体系”。弘扬中华优秀传统文化，就是要继承和弘扬我国人民在长期实践中培育和形成的传统美德，坚持马克思主义道德观、坚持社会主义道德观，这是我们继承历史文化遗产的行动指南。我们要继承的是千百年来所培育形成的人类共同的、古今一致的价值理念，叫古为今用也好，博古通今也，绝不是以古代今、厚古薄今，不能搞“完全回到孔子”“全面儒化中国”等复古主义。必须以马克思主义为指导，继承与创新发展相结合，赋予传统优秀文化以新的内涵，就是具有时代精神的中国特色的社会主义文化体系。党的十八大报告强调：“对马克思主义的信仰，对社会主义和共产主义的信念，是共产党人的政治灵魂，是共产党人经受住任何考验的精神支柱。”作为先进文化的代表者，共产党人必须以强大的理论自信，在继承中华优秀传统文化的同时，努力推动优秀传统文化与马克思主义的结合，既要实现马克思主义的中国化，也要让中国化的马克思主义指导中华传统文化的发展和创新。

实现中国梦，关键在党，关键在党的凝聚力、创造力和战斗力。在当前决胜全面建成小康社会、实现中华民族伟大复兴的新长征中，我们必须始终坚持党的领导，深入弘扬中华优秀传统文化，谱写中华民族伟大复兴的新篇章。

二、充分发挥党和政府的政策保障优势

坚持党和政府对弘扬中华优秀传统文化的引领，要将弘扬中华优秀传统文化提到一定的战略高度。党和政府作为弘扬中华优秀传统文化的指导力量，要从坚定文化自信、坚持和发展中国特色社会主义、实现中华民族伟大复兴的高度出发，切实把中华优秀传统文化传承发展工作摆上重要日程。加强宏观指导，发挥党和政府的综合协调作用，整合各类资源，调动各方力量，推动形成党委统一领导、党政群协同推进、有关部门各负其责、全社会共同参与的中华优秀传统文化传承发展工作新格局。

2012 年党的十八大报告提出："建设中国特色社会主义，总依据是社会主义初级阶段，总布局是五位一体，总任务是实现社会主义现代化和中华民族伟大复兴。"全面落实经济建设、政治建设、文化建设、社会建设、生态文明建设五位一体总体布局，促进现代化建设各方面相协调，促进生产关系与生产力、上层建筑与经济基础相协调，不断开拓生产发展、生活富裕、生态良好的文明发展道路。2013 年 8 月 19 日，习近平在全国宣传思想工作会议上要求："宣传阐释中国特色，要讲清楚每个国家和民族的历史传统、文化积淀、基本国情不同，其发展道路必然有着自己的特色；讲清楚中华文化积淀着中华民族最深沉的精神追求，是中华民族生生不息、发展壮大的丰厚滋养；讲清楚中华优秀传统文化是中华民族的突出优势，是我们最深厚的文化软实力；讲清楚中国特色社会主义植根于中华文化沃土、反映中国人民意愿、适应中国和时代发展进步要求，有着深厚历史渊源和广泛现实基础。"他强调："独特的文化传统、独特的历史命运、独特的基本国情，注定了我们必然要走适合自己特点的发展道路。"2014 年 2 月 24 日，习近平总书记在主持中共中央政治局第十三次集体学习时，针对继承和发展传统文化的问题，强调："要处理好继承和创造性发展的关系，重点做好创造性转化和创新性发展。""四个讲清楚""三个独特"和"两创"，言简意赅却内涵丰富，形成了关于弘扬优秀传统文化的方法论，成为文物、遗产、古籍、传统艺术、诗词歌赋活态传承的理论基础。2016 年，习近平总书记在庆祝中国共产党成立 95 周年大会上发表重要讲话指出："坚持不忘初心、继续前进，就要坚持中国特色社会主义道路自信、理论自信、制度自信、文化自信，坚持党的基本路线不动摇，不断把中国特色社会主义伟大事业推向前进。"通过将"文化"从"五位一体"格局中的一个板块提升为"四

个自信”的重要组成部分，我们党在实践中不断深化对文化根本性意义的认知，不断提升对中华民族文明演进逻辑的把握能力，融通了中华优秀传统文化、革命文化和社会主义先进文化，彰显出中华民族一以贯之的精神追求。2017年1月，中共中央办公厅、国务院办公厅印发了《关于实施中华优秀传统文化传承发展工程的意见》，以公共政策的方式，为文化传承提供了规划和抓手。文件强调，坚持党和政府对弘扬中华优秀传统文化的引领，要注重加强对传承发展中华优秀传统文化的各项政策保障。加强中华优秀传统文化传承发展相关扶持政策的制定与实施，注重政策措施的系统性、协同性、操作性。加大中央和地方各级财政支持力度，同时统筹整合现有相关资金，支持中华优秀传统文化传承发展重点项目。制定和完善惠及中华优秀传统文化传承发展工程项目的金融支持政策。加大对国家重要文化和自然遗产、国家级非物质文化遗产等珍贵遗产资源保护利用设施建设的支持力度。建立中华优秀传统文化传承发展相关领域和部门合作共建机制。制定文物保护和非物质文化遗产保护专项规划；制定和完善历史文化名城名镇名村和历史文化街区保护的相关政策。完善相关奖励、补贴政策，落实税收优惠政策，引导和鼓励企业、社会组织及个人捐赠或共建相关文化项目。建立健全中华优秀传统文化传承发展重大项目首席专家制度，培养造就一批人民喜爱、有国际影响的中华文化代表人物。完善中华优秀传统文化传承发展的激励表彰制度，对为中华优秀传统文化传承发展和传播交流做出贡献、建立功勋、享有盛誉的杰出海内外人士按规定授予功勋荣誉或进行表彰奖励。

坚持党和政府对弘扬中华优秀传统文化的引领，要注重加强文化法治环境的建设。近些年来，党和政府不断着力修订文物保护法，制定文化产业促进法、公共图书馆法等相关法律，对中华优秀传统文化传承发展有关工作做出制度性安排。在教育、科技、卫生、体育、城乡建设、互联网、交通、旅游、语言文字等领域相关法律法规的制定修订中，增加中华优秀传统文化传承发展内容。加大涉及保护传承弘扬中华优秀传统文化法律法规施行力度，加强对法律法规实施情况的监督检查。充分发挥各行政主管部门在传承发展中华优秀传统文化中的重要作用，建立完善联动机制，严厉打击违法经营行为。加强法治宣传教育，增强全社会依法传承发展中华优秀传统文化的自觉意识，形成礼敬守护和传承发展中华优秀传统文化的良好法治环境。

第二节　中华优秀传统文化的多元化传播路径

实现中国梦必须有良好的国内外发展环境。欲实现中华民族伟大复兴的中国梦，必须要从弘扬中华优秀传统文化开始。因为一个中断了历史和传统的民族，不可能仅仅依靠全面“移植”外来文化再现属于自己的辉煌，而是要充分利用多元化的文化传播路径，弘扬中华优秀传统文化，充分发挥其应有的价值，实现其以文化人、以文化促和谐的重要功能，为实现中国梦创造良好的国内外发展环境。

一、充分发挥各类媒体的宣传教育力度

用中华优秀传统文化助推中国梦，关键要让中华优秀传统文化进教材、进课堂、进头脑，促进中国传统文化入社会、入社区、入家庭，使中华优秀传统文化融入人民群众的日常生活之中，文化只有走进大众，进入人民心里，才能做到化于理、化于情、化于行。在全社会形成热爱中国传统文化、践行中国传统文化的氛围，为实现中国梦创造良好的国内发展条件。因而，要通过多样化的媒体和多元化载体不断加强中华优秀传统文化教育，纳入家庭教育、学校教育、社会教育，引导人们向往和追求讲道德、尊道德、守道德的生活。要把中华优秀传统文化纳入公共服务全过程，纳入新型城镇化建设全过程，使优秀传统文化渗透人们的日常生活，融入人们的精神基因，转化为日常思想自觉和行为习惯。

第一，充分发挥主流媒体与新媒体平台在中华优秀传统文化传播中的作用。

在全媒体时代，传播中华优秀传统文化的载体变得多种多样，既有传统的主流媒体，也有以互联网为依托的新媒体平台。我们要综合运用报纸、书刊、电台、电视台等传统载体，融通多媒体资源，统筹宣传、文化、文物等各方力量，创新表达方式，大力彰显中华文化魅力。对传统的主流媒体而言，传承优秀文化既是一种责任担当，也是一种舆论“亮剑”，必须旗帜鲜明地承担传承优秀文化的责任，充分发挥平台优势，舍得拿出黄金版面、黄金时段、黄金栏目，把最优秀、最精彩、最关注的文化食粮呈献出来，让读者、观众、听众了解历史、汲取知识，饱餐优秀文化盛宴，接受优秀文化洗礼。比如，中央电视台的《百家讲坛》节目充分利用了中央电视台的强大覆盖力、传播力，向亿万观众打开了一扇窗，让无数百姓一睹名家风采，走进传统文化博大精深的学术殿堂，接受通俗易懂、形象生动的文化熏陶，为中国优秀传统文化进行价值坚守提供了有力保障。同时，每一位媒体人都要自觉地以社会主义核心价值观为指导，激浊扬清，坚守精神家园，大力弘扬优秀传统文化，真正使照耀中华数千年的文明之光在中华大地熠熠生辉、发扬光大。

随着互联网技术以及数字技术的深入发展，新媒体的加入带动了传播路径的全媒化，而传统媒体也为新媒体的传播确立了传统文化的正能量形象。两者一起坚守住传统文化的优质内容与精神价值，更好地发挥了传统文化正确引导社会舆论的突出作用。尤其是进入 21 世纪后，数字化新媒体传入中国。互联网和移动增值作为新媒体最重要的两个领域，在新时期得到了快速发展。在 2008 年北京奥运会中，新媒体首次作为奥运会独立传播机构与传统媒体一起被列入奥运会的传播体系，互联网等新媒体平台被

正式纳入赛事转播渠道，此后新媒体正式作为一种新型传播渠道开始在我国崛起，为中国传统文化的传播提供了新的载体和全媒体环境。总之，无论是传统的主流媒体还是新型的信息平台，传承中华优秀传统文化，都要善于引导、善于创新。正如中央电视台推出的《中国汉字听写大会》，将枯燥的汉字书写办成引发广泛关注、让大家都喜欢的节目，就在于大胆创新。媒体要通过寓教于乐、寓文于娱的形式立足本地，将乡贤文化、村规校训、优秀家风、传统民俗等优秀文化充分展示在版面、画面、声音、文字中，浸润人们的心灵，净化人们的精神家园。

第二，开展多种形式载体的中华优秀传统文化的传播工程。

中华优秀传统文化的传播除了寻找具体化的传播载体之外，还要对传播工作进行系统化和综合化的处理，形成中华优秀传统文化的系统化传播工程，主要借助于多种形式的载体和平台，在社会的各层面、各领域实现中华优秀传统文化的辐射和远播。

以公共服务机构为平台。充分发挥图书馆、文化馆、博物馆、群艺馆、美术馆等公共文化机构在传承发展中华优秀传统文化中的作用。加强革命文物工作，实施革命文物保护利用工程，做好革命遗址、遗迹、烈士纪念设施的保护和利用。充分利用历史文化资源优势，推动红色旅游持续健康发展，规划设计推出一批专题研学旅游线路，引导游客在文化旅游中感知中华文化。充分利用各类爱国主义教育基地、历史遗迹等，展示爱国主义深刻内涵，培育爱国主义精神。

以经典为依托。中华文化经典指中华文明历史中代代相传、历久不衰的最优秀、最有价值的典范性著作和遗存。这些浩如烟海的文化典籍、比比皆是的历史遗存，无不蕴含着丰富的思想道德资源，积淀着中华民族最深层的精神追求和最宝贵的价值理念。编纂出版系列文化经典，整理保护历史遗存，推动文艺创作和戏剧表演重回经典。以经典为滋养，从遗存中找灵感，整理、发掘、演绎、改编，融入时代元素，推陈出新，激发活力。

以社会主题教育为中心。深入开展“爱我中华”主题教育活动，充分利用重大历史事件和中华历史名人纪念活动、国家公祭仪式、烈士纪念日，加强国民礼仪教育，加大对国家重要礼仪的普及教育与宣传力度。在国家重大节庆活动中弘扬孝敬文化、慈善文化、诚信文化等，开展节俭养德全民行动和学雷锋志愿服务。在各类社会主题教育中体现仪式感、庄重感、荣誉感，彰显中华传统礼仪文化的时代价值，树立文明古国、礼仪之邦的良好形象。

以家庭教育为纽带。中华优秀传统文化以“仁”为核心，以家庭伦理为基础。在某种意义上，可以说家庭生活是中华优秀传统文化最温馨的滥觞之地。在弘扬中华优秀传统文化方面，必须把家庭生活、家庭教育作为青少年重要的中华传统美德实践场所。广泛开展文明家庭创建活动，挖掘和整理家训、家书文化，用优良的家风、家教培育青少年，使我们的青少年从小就受到优秀传统文化的熏陶，使尊老敬贤、勤劳持家、重视家风家训等继续成为中华民族经久不衰的美德。挖掘和保护乡土文化资源，建设新乡贤文化，培育和扶持乡村文化骨干，提升乡土文化内涵，形成良性乡村文化生态，让子孙后代记得住乡愁。

以习俗节庆为关键。中国传统习俗和传统节日是文化传统的重要表现形式，也是催生民族共同体成员情感、心性、认同的牢固纽带。过好每一个传统节日，传承好每一个优秀传统习俗，就是不断巩固民族成员心灵深处的民族记忆、烙印深厚的乡愁。习俗作为人们生活与文化的传承事象，既是各民族不同政治、经济的反映，又是民族传统、文化心态、生活方式的表现形式。其形成与民族生活的自然环境、生产方式、经济条件、崇拜心理等有关。传统习俗是一项重大的民族文化遗产，蕴含着独特的历史内涵，是每一个民族成员的精神原乡和文化脐带。中华民族传统节日对中国各族人民来说具有广泛的认同性，是国家凝聚、民族团结的源泉之一。中华民族节日历史悠久、丰富多彩、文化传统深厚，有着多元一体的文化基础和文化传承。传统节日承载着一个民族的文化血脉和思想成果。我们经常可以发现，传统节日往往为人们提供某些共同遵循的社会观念与行为模式。当一个群体以节日的形式表达自己的传统的时候，它会将民族的世界观、价值系统给予公开，让人们分享、交流和实践。节日为人们提供了一个相互沟通和理解的公共世界，传达出这个民族某些共享的文化知识和它观察生活、了解世界的认知方式，充分显现了一个民族文化和价值意识的原型。中华民族传统节日承载着中华民族的文化血脉和思想精华，是整个民族智慧的结晶。习俗和节日的传承，有利于培养国民的爱国情操，提升民族自豪感，增强民族凝聚力。我们要充分发掘中华传统节日优秀文化的内涵，实施中国传统节日振兴工程，进一步丰富春节、元宵节、清明节、端午节、七夕节、中秋节、重阳节等传统节日文化内涵，形成新的节日习俗。加强对传统历法、节气、生肖、饮食、医药等的研究阐释和活态利用，使其有益的文化价值深度嵌入百姓生活。开展多样化传统节日文化活动，把各个民族节日的优秀传统和古老智慧变成人类共享的文化遗产和共同的精神财富。激发其现代生活中的活力，去创造更加丰富、美好的生活。

以生产生活为目的。习近平总书记在第十三次中央政治局集体学习时指出："一种价值观要真正发挥作用，必须融入社会生活，让人们在实践中感知它、领悟它。要注意把我们所提倡的与人们日常生活紧密联系起来，在落细、落小、落实上下功夫。"传承发展中华优秀传统文化的最终目的是丰富生活内涵，提升生活品质。让优秀传统文化走进千家万户，走进生活，就是要不断满足人民群众日益增长的精神和物质需要，让人民群众在亲和的文化氛围中感受生活的美好。中华优秀传统文化不仅承载于以语言、文字为载体的典章书籍之中，还存活于书法、音乐、曲艺等老百姓喜爱的文艺形式之中，甚至蕴含在一些仪式、工艺流程的细节之中。这一特点决定了学习传统文化不能只采取背诵经典名篇这种相对枯燥的形式，而应将其生活化、大众化、多样化，要接地气、壮底气、扬正气。将中华优秀传统文化教育融入生产生活，注重实践与养成、需求与供给、形式与内容相结合，把中华优秀传统文化内涵更好、更多地融入生产生活各方面。只有将中华优秀传统文化与现实生活密切联系起来，传统文化才会变得生动活泼、有血有肉、温情脉脉，才会焕发强大的生命活力，才能为人民群众所接受并内化到自己的生活中。

以新型城镇化和美丽乡村建设为契机。新型城镇化是现代化的必由之路，是最大的内需潜力所在，是经济发展的重要动力，也是一项重要的发展战略。

要深入总结乡土文化，收集乡土历史，提炼精选一批凸显文化特色的经典性元素和标志性符号，将其纳入城镇化建设、城市规划设计，合理应用于城市雕塑、广场园林、街区命名等公共空间，彰显城镇历史，突出文化个性，避免城市建设千篇一律、千城一面。挖掘整理富有地域特色的传统建筑文化，在建筑设计、总体规划上鼓励继承创新，推进城市修补、生态修复工作，延续城市文脉。乡村是中华民族信仰圣地，是民族文化生发之根，更是耕读礼乐教化的重要阵地。加强“美丽乡村”文化建设，同样是弘扬和传承中华优秀传统文化的重要举措。在推进、提升乡村社会生产、生活现代化的过程中，应当注重发掘和保护一批处处有历史、步步有文化的小镇和村庄，保留并活跃有益于丰富乡村生活情趣、体现健康乡野民风、彰显鲜明地域特色的习俗和生态。

第三，充分发挥中小学及高校课堂对中华优秀传统文化的传播作用。

加强中华优秀传统文化教育是深化中国特色社会主义教育、中国梦宣传教育、增强文化自信的重要组成部分，也是构建中华优秀传统文化传承体系、推动文明传承发展的重要途径，更是培养和践行社会主义核心价值观的重要基础。习近平总书记在中央党校建校 80 周年庆祝大会暨 2013 年春季学期开学典礼上的讲话中曾深刻指出：“中国传统文化博大精深，学习和掌握其中的各种思想精华，树立正确的世界观、人生观、价值观很有益处。”在国民教育中加强中华优秀传统文化教育已成为弘扬中华传统文化的迫切任务。2017 年 1 月，中共中央办公厅、国务院办公厅印发《关于实施中华优秀传统文化传承发展工程的意见》(以下简称《意见》),《意见》提出要将中华优秀传统文化的传承贯穿国民教育始终。优秀传统文化只有全方位地融入国民教育各个领域、各个环节，与人民生产生活深度融合，才能有长久生命力，才能真正使优秀传统文化活起来、传下去。

弘扬和传承优秀传统文化主要在于入心入脑，要内化成我们每个人的日常言行，而不是流于形式。这就要求我们从基础教育抓起，发挥第一课堂主渠道作用，紧紧围绕教育立德树人这一根本任务，根据学生心智发展和认知特点，遵循教育教学的一般规律，依照分学段、分步骤有序推进的原则，把中华优秀传统文化潜移默化地融进教育教学的各环节，使之贯穿于启蒙教育、基础教育、高等教育以及职业教育、继续教育各领域，形成层次化、立体化、全方位的教育传承体系，在各个方面坚守中华民族的文化基因和精神命脉，将“书香中国”建设与传承发展中华文化紧密结合起来，全面推进对中华优秀传统文化的学习与践行。

具体来说，在低幼阶段，以植入为主，重在接受。通过老师、家长的言传身教，让孩子知道相关理念、知识，培育亲切感，此之谓启蒙。也就是要把孩童懵懂的心智启发开来，让其明是非、知对错、识善恶，养成良好的行为习惯。进入高年级，孩子已有了一定的辨识能力和理解能力，应以增强认知力、理解力为重点。在经典记诵的基础上，拓展视野、丰富知识，在对民族历史文化的更广泛的认识、了解中，领悟中华民族的伟大辉煌。进一步提高对中华优秀传统文化的认同度，增强对中华优秀传统文化的自信心。大学阶段是一个人的全面提升阶段，学生无论是智力、情感、能力都具备了相当扎实的基础，而高校作为培养高素质人才的孵化器，也肩负着创造、转化、传播文化知识的职责。因此，在高校设立优秀传统文化研究机构、建立相关学科、开设优秀传统文化相关课程，形成覆盖广、内涵丰富、精度深的完整体系，从广度和深度多向度加强中国优秀传统文化知识的挖掘整理、系统阐释、宣扬传播和开发利用。此外，还可以开展多样化的社会实践形式，拓宽大学生实现中国梦的实践平台。除了中华优秀传统文化理论和实践的教育，学校还需要营造良好的氛围，让学生在日常生活的方方面面受到感染和启发。高校可以通过完善自身硬件设施、美化校园环境、统一校园文化标识、加强治安综合治理、完善制度建设、弘扬大学精神、加强学风建设、营造良好的学术氛围、发挥新媒体的作用等。将“中国梦”这一因素融入校园文化建设，巩固学生的党史知识，坚定他们实现中国梦的决心。

除此之外，加强各级各类学校对中华传统文化的教育和培育，还要系统研制开发中华优秀传统文化教育的课程。法国学者涂尔干（Emile Durkhdm）曾直截了当地说：“教育本身不过是对成熟的思想文化的一种选编。”这个论断道出了文化传承的选择性特征。所谓“成熟”的思想文化，是指前人创造的所有知识，包括自然知识、思想观念、价值信仰和思维方式等，所有这些都构成了一定时代的文化体系。当然，人类的进步就在于对世界认识能力的不断提高、既有知识不断更新，由此，旧的文化就跟不上时代的要求。教育在本质上是对于人类所创造的思想文化的自觉传承活动。这个传承不是全盘的，而是有选择性的，是在对不同时代人类创造的各种思想文化依据一定的标准进行一番审视批判、甄别选择和合理阐释之后，才纳入自己的文化教育体系之中。中华优秀传统文化的课堂教育传承也需要这样的“选编”。从广博的传统文化资源中选取适合走进课程的教学内容，才有开展教育的前提，才可能走进生活。除了研发关于中华优秀传统文化的特色课程之外，同时要注意让优秀传统文化的光彩能够在任何学科的任何课程中闪耀。当然，所有这一切都离不开相关专业教师的培训和培养。教师是教育的关键，决定了教育的品质。教师对中华优秀传统文化的感情、认知和相关的能力，直接影响到传承发展工程的顺利实施。要不断加强面向全体教师的中华文化教育培训，全面提升师资队伍水平，使其成为课堂教学弘扬中华优秀传统文化的中坚力量。

二、加大中华优秀传统文化的对外传播力度

中华民族拥有五千多年连绵不断的文明历史，创造了博大精深的中华文化。值得我们骄傲的是，放眼整个世界，唯有中华文明的血脉绵延数千年而不绝，至今仍然焕发着勃勃生机。中华文化积淀着中华民族最深厚的生活智慧和最深层的精神追求，是中华民族独特的精神标识。在全球化世界村的今天，饱含民族文化营养的中国经验、中国智慧、中国方案，一定能够为人类命运共同体全球治理做出独特的贡献。让世界认识中国、理解中国、接受中国，就要打出我们最具特色的文化名片。把中华优秀传统文化推向世界，有助于提高国家文化软实力，有助于更好地展示自身的国际形象，有助于增信释疑、凝心聚力。

首先，推进中华优秀传统文化走向世界，有利于帮助我们在国际社会减少被动、争取主动。长期以来，我们的文化话语权微弱，难以塑造自己的真实形象。这一现实要求我们，必须加强文化交流，让世界了解我们。我们要与不同国家进行多方位交流、开展多语言对话，不能只是单方面理解对方，更重要的是让别人理解我们、认识我们。这其中文化交流就显得十分重要。文化凝结的是一个民族在其长期的发展过程中沉淀下来的价值理念、思维方式及行为方式。除语言之外，不同国家、不同民族之间都存在着或多或少的文化差异，这些差异构成了交往上的困难和障碍。我们的对外交往，不仅要求同存异，还要化异求同、化异为同，从而广交朋友，调动一切可以调动的积极因素，团结一切可以团结的力量，凝聚起推动中国发展的强大正能量。推进中华优秀传统文化向世界的传播，把我们独特的理念介绍给世界，促进世界对我们历史文化的了解，加强人们对我们现实道路的理解，为我国经济社会发展、经贸文化交流合作和外交工作创造良好的国际环境和舆论氛围。

其次，中华优秀传统文化的对外传播有利于增信释疑、凝心聚力。当前，中国的发展正处于快速上升期和深刻转型期，我国已经成为世界第二大经济体，民族复兴步履矫健。东方大国的崛起改变着整个世界的政治经济格局，然而，随之而来的是种种不适应。“木秀于林，风必摧之”其他国家面对中国的发展成就，其态度和情绪异常复杂，有关注有赞许，也有疑虑和忧虑，不和谐的声音不绝于耳。有优越者傲慢地提出“中国搭便车论”，认为我们占了便宜；有不怀好意者强调“中国威胁论”，以为我们会像他们一样搞“新殖民”式“掠夺”；更有看衰者不断抛出“中国崩溃论”。我们提出建设“一带一路”，有国外媒体误读为中国是在搞“地缘政治”、谋求“全球霸权”。所有这一切，处处显现着某些西方国家对中国政治、经济、文化、社会、生态文明建设

的傲慢和偏见。究其原因，除了国家力量的竞争、意识形态的较量，也有文化差异造成的误解。让世界了解我们，就要消除文化误读。中华优秀传统文化正是我们增信释疑、凝心聚力的桥梁纽带。我们应该积极推进中华优秀传统文化对外传播，展现中华民族勤劳勇敢、不畏艰险、锐意进取、宽厚包容的品质和平等价值理念，以情感的沟通、理性的说服、价值的共鸣消除误会，取得理解和信赖，为中国发展营造更好的外部环境。

民族复兴、民富国强的中国梦，是国家的梦，是民族的梦，也是每一个中华儿女的梦。实现中华民族伟大复兴的中国梦需要亿万中华儿女的共同奋斗，也需要一个可供和平发展、持续发展的良好国际环境。因而，我们要大力加强对外文化交流合作，不断提高文化交流水平，要丰富文化交流内容，创新人文交流方式，加大中华优秀传统文化的对外传播力度。在文化交流合作中，不仅要发出中国声音、贡献中国智慧，而且要赢得整个世界的理解，为中华民族伟大复兴营造更为广阔的空间。

第一，打造融通中外的话语体系。中华优秀传统文化的对外传播是在不同文化境遇下的跨文化传播。由于社会制度、文化背景和意识形态的不同，国内外话语体系存在一定差异，国内受众熟悉的话语并不一定适用于国外受众。所以，推动中外文化交流互鉴、实现中华优秀传统文化的对外传播必须进行因地制宜的创造性转化、创新话语体系，在国际舆论场上努力形成中国表达、中国修辞、中国语意，融通中外，否则就有可能会陷入传播学中所讲的自说自话、“鸡同鸭讲”的困境。

第二，打造融通世界的故事内涵。中华优秀传统文化博大精深、具有深刻的思想内涵和理论体系，对这样深邃的思想文化的跨文化传播需要进行相应的转化和融通。好的故事能够跨越语言障碍、超越文化纷争、穿越心灵隔阂、增强情感认同。习近平总书记曾在全国宣传思想工作会议上说:“要精心做好对外宣传工作……讲好中国故事，传播好中国声音。”尤其是在今天这个信息时代，谁的故事讲得感人，谁就能拥有更多受众、实现更好传播。从一定意义上说，我们讲故事的能力和水平，直接决定了价值理念传播的力度、文化认同增进的质量和国家形象塑造的效果。

当前，国际舆论话语更多地采用经济、文化、娱乐类“软话题”，日益呈现“夹带式”政治传播的特点。这提示我们，我们的中华优秀传统文化对外传播应做出相应调整，多用一些与人们息息相关的各种故事，真情而巧妙地诉说中国价值。

第三，打造融通中外的文化代表符号。融通中外的文化符号，应当有着深厚的历史文化底蕴、广泛的群众基础，能够被普通民众所接受，为世界各国人民所熟悉，要能够代表中国文化的内涵，各种文化程度的民众都能从中体会到中国文化的魅力。一个有说服力的文化符号比任何概念口号都更能体现一个国家的价值取向。改革开放之初，邓小平同志曾经五次会见美国西方石油公司董事长阿曼德·哈默（Armand Hammer）博士，其原因就在于哈默曾经“帮助列宁发展工业”。这就向世界传递了中国坚定的改革开放信号。英国外交官曾说:“英国宁愿失去印度，也不愿失去莎士比亚。这里凸显的是一个人物符号的重要价值，而这样的文化符号承载了更多的本国文化价值。”

我们在对外传播中，也需要发掘和发现具有广泛影响力的公众人物和文化现象，使其能够更好地承载文化观念等国家元素，实现国家、文化形象的人格化表达。比如我国姚明这样的国际巨星同样是中华文化的典型代表，是我们的典型文化符号。可见，一个公众符号对国家形象的重要性。除了人物符号，我们还要积极发现中国典型的文化现象和文化特征。比如，近些年来中国的功夫、杂技在文化“走出去”方面一直比较典型。以李小龙、成龙为代表的功夫巨星，将中国功夫带到了世界文化舞台。我们要充分发掘、整合、打造一批这样具有中国特色的文化符号。除此之外，融通文化的人格化符号要求我们应进一步整合中华优秀传统文化，对其进行相应的符号化开发与设计。比如，一些代表性的影视作品、动漫等都对相关的文化进行了整合和传播，不失为一种有效的文化传播途径。

第四，打造减少文化折扣的传播载体。中华优秀传统文化的对外传播是不同境遇下文化的跨文化传播。只要存在跨文化传播，就会产生一定程度的文化折扣，要充分考虑到国际文化传播中经常出现的文化折扣问题。在具体的文化传播过程中，应充分利用文化含量相对少的文化传播载体。比如，我们可以充分运用海外中国文化中心、孔子学院，以及文化节展、文物展览、博览会、书展、电影节、体育活动、旅游推介和各类品牌活动等形式，增强国家认同、民族认同、文化认同，助推中华优秀传统文化的国际传播。支持中华医药、中华烹饪、中华武术、中华典籍、中国文物、中国园林、中国节日等中华传统文化代表性项目走出去。积极宣传推介戏曲、民乐、书法、国画等我国优秀传统文化艺术，让国外民众在审美过程中获得愉悦、感受其魅力。充分利用“中国年”“奥运会”“文化节”等重大活动来弘扬传统文化，搭好活动舞台，规划充实内容，唱好文化大戏。进一步完善以“孔子学院”为代表的对外文化交流机构，促进国际汉学交流和中外智库合作。加强中国出版物国际推广与传播，鼓励国外汉学家和海外出版机构翻译介绍能够展现中国文化价值的优秀图书、影视作品。利用春节、中秋节等中国特色的节日，组织华人华侨在所在国举办中国文化“嘉年华”活动，吸引当地群众广泛参与、共享欢乐。依托我国驻外机构、中资企业、与我友好合作机构等，在开展业务活动的过程中，展示中国风采、体现中国气韵、阐释中国特色、树立中国形象。

在“一带一路”倡议下，我们应不断加强“一带一路”沿线国家文化交流合作，鼓励发展对外文化贸易，扩大文化对外贸易与交流，让更多体现中华文化特色、具有较强竞争力的文化产品走向国际市场，通过增强文化产业在国际市场竞争力的方式来增强中国文化的影响力。随着信息科技的高度发展，在传播中华优秀传统文化的进程中，我们应不断探索中华文化国际传播与交流新模式，综合运用大众传播、群体传播、人际传播等方式，构建全方位、多层次、宽领域的中华文化传播格局，为中国发展创造更好的外部环境。

第三节　中华优秀传统文化的创新型文化业态

实现中国梦必须有强大的国家经济文化实力。梦想总是来自现实，又依托于现实。中国梦这一伟大的中国梦想，同样来自中国特色社会主义的实践，又必然要依托在中国特色社会主义实践中所创造的强大经济和文化实力。习近平总书记在联合国教科文组织总部的演讲中指出："没有文明的继承和发展，没有文化的弘扬和繁荣，就没有中国梦的实现。中华民族的先人们早就向往人们的物质生活充实无忧、道德境界充分升华的大同世界。实现中国梦，是物质文明和精神文明比翼双飞的发展过程。"

近年来，以数字技术和网络信息技术为代表的现代科技，已交融渗透文化产品创作、生产、传播、消费的各个层面和关键环节。在改造传统文化产业的同时，催生了一大批新的文化形态和文化业态，成为文化产业发展的核心支撑和重要引擎。党的十七大报告提出："发展文化产业，要努力转变文化生产方式，培育新的文化业态。"党的十八大报告提出："促进文化和科技融合，发展新型文化业态，提高文化产业规模化、集约化、专业化水平。"党的十九大报告又进一步指出："要完善文化经济政策，培育新型文化业态。"新型文化业态是一个相对的概念，不同时期具有不同的内容指向。学术界对新型文化业态的界定出现了多种观点和主张，既基本相似又略有差别，但主要都是强调将高新科技运用于文化生产领域。清华大学熊澄宇教授认为："新型文化产业是文化内容、科技和资本结合的产物，其关键是内容，而内容的价值在于其原创性、差异性以及不可替代性。"

正是由于新型文化业态的多样化形态及直观性的表达形式，成为中华优秀传统文化建设和发展的新兴载体及其方式，能够为实现中国梦提供强大的发展引擎，在中华优秀传统文化的传播过程中发挥着不可替代的独特作用。发展新型文化业态，不仅是产业转型升级的必然选择，也是提升文化品质、满足人民群众日益增长的美好生活需要的必然要求。

一、新型文化业态对中华优秀传统文化多样化的表达

新型文化业态以中华优秀传统文化为创意资本，可以展开影视、音乐、动漫、游戏等多领域跨平台的商业拓展，整合内容创意设计、资金筹措、产品生产、营销推广、服务创新等价值链环节，带来相应的产能效应，为实现中国梦提供强大的经济支撑。

第一，充分运用新型文化业态多样化模式，对中华优秀传统文化进行多种形式的创意表达。近些年来，一大批反映中华优秀传统文化的影视作品不断呈现在观众面前，比如，《白鹿原》《百鸟朝凤》及口碑票房双丰收的《西游记之大圣归来》，都以影视产业的形式将民族文化精神融入其间。其中，《西游记之大圣归来》是对古典名著《西游记》的重新编排与注解，故事的改编情节缜密而又标新立异，唐僧师徒的形象刻画既突破传统又不失其神，韵味十足。其关注现实的创作方式带来了思想的深度，后现代的影视语言营造出喜剧的效果，水墨氤氲的中国景观设计和先进的三维动画技术相互融合，坚韧不拔的取经精神与仁爱济世的东方价值融贯始终。整部电影既反映出经典文化元素的精神内涵，又包裹着现代先进的表现形式，很好地传递了中国文化价值和思想。

无独有偶。在综艺创作方面，中央电视台近些年来相继推出了《中国汉字听写大会》《中国成语大会》《复兴之路》《中国诗词大会》等致力于传播中华优秀传统文化的电视节目。各地方台也先后推出了富有特色的表现传统文化的节目，例如，北京电视台《这里是北京》、上海纪实频道《文化中国》、凤凰卫视《世纪大讲堂》、山东卫视《新杏坛》、烟台电视台《细说百家姓》等都是颇受欢迎的好节目。此外，在纪录片的生产和制作方面，一改以往的刻板和严肃形象，充分借鉴影视创新的新型模式，一大批展现中国自然美、人文美的纪录片不断推陈出新。比如，《汉字五千年》《中国史话》《西藏的诱惑》《舌尖上的中国》等作品，很好地展示、推介和宣传了中华优秀传统文化。

需要强调的是，中华优秀传统文化资源尽管丰富多彩，但都是特殊历史时期的产物。在新型文化业态整合、利用和转化相关中华优秀传统文化资源的同时，要坚持兼容并蓄、融会贯通、推陈出新的原则，通过赋予时代内涵、转换现代表达形式、吸收借鉴世界文明成果等方式方法，使中华民族最基本的文化基因与当代文化相适应、与现代社会相协调，把跨越时空、超越国度、富有永恒魅力、具有当代价值的中华优秀传统文化精神弘扬起来，把立足本国又面向世界的中华优秀传统文化创新成果传播出去，不断增强中华文化的感染力、亲和力、影响力和竞争力，推动中华文化繁荣兴盛，走向现代化，走向世界，成为实现中国梦的显著标志和强大精神力量。

第二，大力发展文化与科技相结合的模式，进一步丰富新型文化业态体系。未来学家阿尔温·托夫勒（Alvin Toffler）曾经预言，“一个高技术的社会必然也是一个高文化的社会，以此来保持整体的平衡。”这一论述指出了科技与文化融合的重要作用。科技手段广泛应用于文化领域，必然会改变文化的生产、传播与消费，形成各种新型文化业态。历史上，造纸术的发明、活字印刷的应用，极大推进了文明传播的广度和深度；计算机的发明、激光照排技术的开发，更是提高了文化生产的速度。如今，互联网技术、数字化技术、传输技术、大数据技术等与文化及其相关产业的整合以及渗透，使得新型文化业态日新月异，不断更新着人类的生存方式。由此，科技与文化密切融合的产业发展模式必将不断推动新型文化业态的发展壮大，这是既有历史的实践，也是未来文化生产、传播和消费的必然。

新科技的应用是新型文化业态的重要基础。可以说，新的科技理念衍生出新的业态概念，如信息化、数字化等，而新的技术手段则是新型文化业态形成的具体条件，如多媒体教学、融媒体传播等。一方面，文化业态通过数字化技术、网络信息技术等传播手段的运用，实现了表现形式、传播方式的创新。比如，科技的发展带来了新型媒体的出现，新媒体的兴起则为中国传统文化的全方位、全覆盖传播提供了更多的平台支撑。这些媒体以弘扬中国传统文化为核心，既满足了人们了解传统文化的需求，又改变了以往文化宣传高高在上的姿态，寓教于乐，赢得普遍认可。我们发现，在媒体数量屈指可数的年代，媒体人总是将坚持格调高雅、富有教益作为一项准则来恪守，可以用来传播的内容、途径和形式都较为有限。进入 21 世纪后，媒体所处的传播场域发生了翻天覆地的变化。中国传统文化的传播进入了全域、全时、全民的全媒体时代。电视、报纸、广播、新媒体等都为传统文化的传播聚合发力。中国传统文化在传播内容、传播战略、传播路径、传播形式和传播定位等方面都呈现出鲜明的技术特征。另一方面，丰富新型文化业态体系是指利用软硬件载体、信息处理技术等，为文化发展植入更多的创新基因，将图像、声音、画面、文字等进行制作、编辑、创作，从而表现出新的具有创新性的内容。科技创造了新型文化业态，新型文化业态需要科技的支撑。科技的每一次进步几乎都会引发新型文化业态的诞生，并导致文化传播水平提高和传播观念变革。无疑，科技的推广和下移正在助推着时代的巨大变革，基础教育乃至高等教育的普及，使以往精英垄断文化的局面变得错综复杂。迅速走向大众文化的时代，普罗大众对文化的生产提出了更高的要求，丰富多元、快捷易变、雅俗共赏是其基本诉求。如何满足人民大众日益增长的文化需求？一大批以科技为核心竞争力的新兴文化业态必将应运而生，将全面助推文化服务运营和文化产业链整合的大繁荣。

加快新旧文化产业形态的融合，大力发展文化创意产业，打造文化精品。新型文化业态的形成得益于新的科技手段的应用，在相当一个时期，传统文化业态会与之并存，但推陈出新是任何事物发展的总趋势，其路线策略是结合—整合—融合—替代。就新型文化业态而言，现代科技的使用、新的文化创意及表现形态一时间还不能完全取代既有的文化生产、传播、消费的模式。但新型文化业态会不断冲击传统文化业态，并促进传统文化业态与新型文化业态的不断融合。从某种意义上说，新型文化业态能够改变传统的生产与消费模式。转变传统的价值增长机制，推动文化创意产业链向附加值高的两端延伸，有利于优化我国整体的经济结构。反之，传统文化业态若是故步自封，不能跟上时代进步的节奏，就必然被新的文化业态所取代。在新技术手段大量涌现的时代，旧的生产、传播、营销、消费模式必须与时俱进，不断引入新技术、新理念、新形式、新内容，不失时机地融入时代发展的大潮中，使之在新的科技加持下焕发生命活力。时易势变，苟日新，日日新。传统文化业态与新技术的融合催生新型文化业态，文化业态的类型与功能得到多元化的发展，业态门类也得到延伸。

新型文化业态为中华优秀传统文化的传播带来新的契机。首先，要有良好的政策鼓励。2017年，文化部颁布了《关于“十三五”时期文化发展改革规划》（以下简称《规划》），明确了将推动文化产业作为国民经济支柱性产业方向。《规划》强调，要推动文化产业结构优化升级。加快发展动漫、游戏、创意设计、网络文化等新型文化业态。落实国家战略性新兴产业发展的部署，加快发展以文化创意为核心，依托数字技术进行创作、生产、传播和服务的数字文化产业，培育形成文化产业发展新亮点。其次，要满足巨大的消费需求。随着物质生活的极大满足，近年来，我国国民消费的热点逐渐转向精神文化领域，比如旅游、文娱。对于14亿人口的大国，消费市场的空间可想而知。如何满足人民群众日益增长的文化需求，文化生产供给领域必须做出回应。衣食足而知荣辱，仓廪实而知礼节。精神文化领域的需求不仅表现在对外部世界的向往，更表现在对传统美德的回归。生产文化精品，讲好中国故事，成为文化生产传播领域的迫切任务。最后，充分的体制保障。作为现代服务业的新型文化产业，一方面拥有大量的技术人才、文化精英；另一方面又结合了政府管理和资本运营，一个生机勃勃的新型文化业态已经形成。由于技术进步迅速、消费需求活跃、体制性障碍较少、经济属性较高、管理水平先进、全球潮流促动，新型文化产业已经成为名副其实的高端产业、朝阳产业，市场巨大，前景广阔，利国利民，意义重大。富有创意的优秀产品，不仅能够有效传播中华优秀传统文化，满足人民群众的精神文化需求，还能够产生巨大的经济效益。正是看到了巨大的商机，许多西方文化企业在其出品中纷纷引入中国元素。近年来，中国电影相继发力，不断推出优秀贺岁片，动漫作品《大圣归来》《哪吒之魔童降世》等也赢得了阵阵喝彩。这些现象说明，中国人民对民族传统文化有着深厚的情感，弘扬优秀传统文化具有深厚的群众基础。

在推动中华优秀传统文化实现中国梦的进程中，要在新旧文化业态融合的基础上，进一步推动中华优秀传统文化的创意开发，不断打造文化精品，形成新的经济增长点，同时促进文化产业的健康发展。

二、新型文化业态对中华优秀传统文化多样化的创意表达与实现

当前，我国新型文化业态已经进入发展的新时期、新阶段。在今后的10年到20年间，新型文化业态发展仍将持续处于重要的发展机遇期。推动新型文化业态要充分利用中华优秀传统文化思想的规约，注入现代先进理念，以群众喜闻乐见的方式，对中华优秀传统文化进行多样化的创意表达，形成良好的社会文化效应，为实现中国梦提供强大的文化动力。

首先，善于在新型文化业态中发掘中华传统文化内涵，创新文化表现形式，增强文化感召力。新型文化业态的出现与发展尽管是现代科学技术的产物，但是科技只是一种推动力，"内容为王"是新型文化业态能够实现创新发展的关键。没有内容的支撑，形式只是一个空壳。好的文化产品向来都是丰富的思想内容与优秀的艺术形式完美结合的产物。内容空泛、浅薄乃至低劣，即便拥有再好的技术表现手段也不能成为优秀的文化产品。具有持久生命力的文化产品，无不以内容取胜。如一部受欢迎的电视剧或影片，吸引受众的正是它的内容，而不是仅仅它所依托的介质。因此，新型文化业态发展的关键不是人力、物力的投入，而是文化创新内容的应用。基于科技的力量，传播文化知识、信息等内容是其发展精髓所在。中华民族在五千年的文明历史中创造了丰富的中华优秀传统文化资源，这是当前我国新型文化业态发展的重要内容。实现中华民族伟大复兴的中国梦，要善于从中华文化资源宝库中提炼题材、获取灵感、汲取养分，把中华优秀传统文化的有益思想、艺术价值与时代特点和要求相结合，加强对文化资源的开发和利用，推进新型文化业态生产内容的创新，推出一大批底蕴深厚、涵育人心的优秀文艺作品，大力弘扬中华优秀传统文化精神。

中华优秀传统文化内涵丰富、种类繁富、载体众多，可供挖掘之处比比皆是。以四大古典名著为例，脱胎于其中的影视剧、书籍、音像制品、网络游戏屡见不鲜，取得了巨大的经济效益。然而，其中仍然具有有待挖掘和完善的内容。比如《红楼梦》，剧中除了广被关注的宝黛爱情故事之外，小说中的建筑、餐饮、服饰、诗会、祭祀等描写，同样展现了博大精深的中国文化气质，依然大有文章可做。2003 年，红遍中国大江南北的韩国电视剧《大长今》，从韩国传统医药文化、传统饮食文化、传统服装文化等方面吸引着中国的广大观众，从大长今身上所体现出来的礼义忠信等儒家伦理道德观念更是感动着无数的中国人。这部电视剧在中国掀起的"韩潮"，从根本上说，是作品所蕴含的中国传统文化精髓和体现出的文化根基在中国观众心中引起的共鸣。它的成功之处，为我们的文化生产提供了一个很好的镜鉴。它提示我们，文化生产需要在细微处下功夫，需要去生活中深挖掘。我们要不断加强中华文化的阐释，深入研究中华优秀传统文化的载体，着力构建有中国底蕴、中国特色的思想体系、学术体系和话语体系，不断为浩瀚的文化资源开发出适宜的表达形式。

其次，善于将优秀传统文化与通俗化、大众化文化产品有机结合，打造系列文化精品。文化精品不仅有先进的文化内涵，还有精湛的技术和艺术表现形式。当前，我们的文化产品并不匮乏，文化产品也很丰富，但是，文化精品却比较少。文化产品存在不同的层次问题。与之对应的是，我国虽然是世界上文化产品的出口大国，但这个出口在很大程度上指的是玩具、乐器等器物制造业，带有深刻文化内涵的文化精品有待进一步挖掘。现在电视上的一些节目虽具有鲜明的参与性、主体性、平等性、生活性，但也不可否认地带有大众文化的负面特征，如商业性、通俗性、娱乐性。它们以相当的新鲜度、刺激力吸引观众，并给节目自身和相关产业带来了巨大的经济利润。但由于节目定位过低，一味追求快感而忽视了大众的审美追求，以娱乐遮蔽了文化本身应有的人文内涵，最终丧失持续的吸引力而失去观众。与此同时，一批定位高雅的文化产品,却因内容的精深及形式的庄严而卓尔不群。如电视节目《我们》《朗读者》《读书》等，节目邀请文化名人站台、讲述、朗诵，关涉经典文学作品、历史文化知识，可以说为观众呈献了一道道文化大餐，营养丰富、品位高雅。但许多这类节目叫好不叫座，收视率远远不抵娱乐节目。两相对比，取长补短。高雅文化如何以大众喜闻乐见的形式吸引大众，娱乐产品如何融入高雅情趣？上述两者都应反思，以满足人民群众日益增长的文化需求。我们要弘扬中华优秀传统文化，就要创作更多的文化精品，消除文化产品层次上的鸿沟。只有将中华文化以现代技术和新型技术的方式更好地融入新型文化产业之中，将中华文化通俗化、大众化、精品化，创建更多具有丰富文化内涵，又有多样化、现代化艺术表现形式的新型文化产品，才能更好地进行传播。

最后，通过新型文化业态对中华优秀传统文化多样化的创意表达与实现，有效维护我国文化和意识形态安全，提高国家文化软实力。有学者指出：“如果说经济水平决定一个国家的强度，那么文化内涵就决定了一个国家的深度；如果说一个国家的实力决定一个国家的力度，那么文化精神就决定了一个国家的高度。”在经济全球化的后工业社会语境中，国与国之间的竞争已经超越了对经济总量的追赶，而更多的是关注文化软实力的比拼。文化已成为综合国力的重要组成部分，是国家软实力的核心内容。大力发展文化事业、提升国家文化软实力已经上升为一种国家战略。以音乐磁带、激光唱盘、MTV、电影、电视、录像、奥林匹克运动会、世界拳王争霸赛、世界杯足球赛为代表的文化艺术已堂而皇之地成为当代世界经济中的新兴产业，并形成新的话语形式彰显国家的文化地位，由此，新型文化业态以其新型的多样化业态形式成为展示和提升国家文化软实力的重要工具。

在文化全球化深入发展的今天，以美国为突出代表的西方发达国家通过电影、电视等多样化文化产品的形式，在国际文化领域更是掀起了没有硝烟的战争，其文化对外输出更是变本加厉。为防止美国以多样化电视等文娱节目对加拿大的文化殖民，加拿大政府曾规定电视台黄金时间播放的节目一定要以加拿大本土节目为主；所播放的电视剧中，美国电视剧不得超过 1/3 ；电视台的主要频道和主要栏目主持人，不能聘用美国人，必须是加拿大人。我国政府也曾在 2006 年 8 月对动画片的播放做出了相关限制举措，比如黄金时段必须播放国产动画片，境外动画片全面退出黄金档。加拿大和我国政府的这些做法可谓都是典型的防御文化殖民的手段，是维护国家文化和意识形态安全的重要举措。

当前，我国虽然已经成为世界第二大经济体，但文化产业以及依托先进技术发展起来的新型文化业态的发展却相对滞后，文化软实力还很薄弱，经济大国与文化弱国的身份极不相称。不可忽略的事实是美国的好莱坞电影、摇滚音乐、麦当劳等著名的软实力产品却畅销世界各地，成为美国传播政治理念、渗透文化价值观的有效载体。“美国 CBS（哥伦比亚广播公司）、CNN（美国有线电视新闻网）、ABC（美国广播公司）等为主体的媒体控制了世界 75% 的电视节目和超过 60% 的广播节目的生产与制作，每年向其他国家发行的电视节目总量超过 30 万小时，垄断了全球话语权。”

我国文化和意识形态安全面临诸多挑战。我们必须发出自己的声音，让世界了解中国、认识中国。中华优秀传统文化是我国文化软实力的重要体现。我们必须大力发展新型文化业态，充分展示中华优秀传统文化的魅力，塑造中国形象。我们有着光辉灿烂的悠久历史，在中华优秀传统文化的大观园中，积淀着丰厚的人生智慧，张扬着美好的人类理想。从先秦诸子的百家争鸣到独尊儒术的制度设计，从修身齐家的个人素养到治国平天下的家国情怀，处处彰显着中华优秀传统文化的至臻、至善、至美的优秀品格。我们必须大力发展新型文化业态，并通过新型文化业态对中华优秀传统文化有其独特的创意表达，强化民族符号，抵御外来文化侵袭。我们要坚持道路自信、文化自信，保护民族文化，增强民族认同感和凝聚力，从而有效地维护我国文化和意识形态安全。

综上，新型文化业态因其平易亲和的形态和新奇多元的表现，传播面广，渗透力强，接受度高。将中华民族厚重的历史、浓郁的民俗和优秀的思想，与新型文化业态的文化创意和市场运作相融合，创新表达形式，赋予现代内涵，塑造特色品牌，使中华优秀传统文化以可知、可观、可听的形式，可感、可亲、可敬的形象走进人们的心里，潜移默化地浸润人们的灵魂，为实现中华民族伟大复兴的中国梦创造强大的经济和文化支撑。

最后，需要注意的是，以新型文化业态弘扬和创意表达中华优秀传统文化，要对新型文化业态的大众化包装进行适量把握，坚决抵制“娱乐至死”的风气，反对媚俗、低俗和庸俗的“三俗”趣味。在创意表达和实现中华优秀传统文化创新发展的同时，要牢牢把握中华优秀传统文化的精髓及核心价值，不失其根脉，保守其特色，升华其境界。“只有饮水思源，从绵延不绝的文明中借鉴智慧，才能走得更有底气。”文化传承的意义在于固本开源。民族精神家园是我们每个人的灵魂栖息地，也是我们张帆远航的出发地。我们必须以敬重的心态，守拙持正，翻陈出新，以大众化、趣味化的生动多样的形式表现传统文化的优秀精髓，实现传统文化与传播效果的良性互动，才能在传承发展中华优秀传统文化的同时，为实现中华民族伟大复兴的中国梦提供强大的文化力量。

参考文献

[1] 曹志斌 . 大学生传统文化教育与高校文化建设研究 [M]. 北京 / 西安：世界图书出版公司，2018，12.

[2] 陈静 . 传承文化 匠心筑梦 [M]. 北京：北京理工大学出版社，2020，9.

[3] 成积春，等 . 传承、弘扬、创新 中华优秀传统文化在山东 [M]. 北京：中国社会科学出版社，2017，10.

[4] 代祖良 . 创新校园文化的途径与方法 [M]. 北京：光明日报出版社，2018，1.

[5] 董兰，陈旭远 . 基于优秀传统文化传承与创新的现代学校变革 [M]. 长春：东北师范大学出版社，2016，6.

[6] 傅秋爽 . 北京中华优秀传统文化传承与传播创新研究 [M]. 北京：中国社会科学出版社，2018，3.

[7] 郭雪峰 . 中国优秀传统文化与大学生人文素质培养 [M]. 长春：东北师范大学出版社，2018，6.

[8] 黄力，姚选民 . 雷锋精神与中华优秀传统文化传承 文化自信的当代理论建构 [M]. 北京：九州出版社，2017，7.

[9] 黄永建 . 中华龙文化与华夏文明传承创新嘉峪关论坛论文集 [M]. 北京：经济日报出版社，2013，10.

[10] 金钊 . 传统节日文化教学实践研究 [M]. 北京：华文出版社，2019，6.

[11] 李程骅 . 文化自信 [M]. 南京：江苏人民出版社，2018，12.

[12] 李素霞，杜运辉 . 博士生导师学术文库 中华优秀传统文化的传承与创新研究 [M]. 北京：光明日报出版社，2021，4.

[13] 刘明洋 . 转化与发展 走进新时代的中华优秀传统文化 [M]. 济南：山东人民出版社，2018，12.

[14] 刘芹，岳松，付安玲 . 坚持文化传承 创新文化建设 [M]. 青岛：中国海洋大学出版社，2019，5.

[15] 刘新科 . 中国传统文化与教育 [M]. 长春：东北师范大学出版社，2016，2.

[16] 陆通 . 中华优秀传统文化与文化自信 [M]. 吉林出版集团股份有限公司，2018，6.

[17] 马文章 . 根之情 中华优秀传统文化在实践中的应用 [M]. 北京：新华出版社，

2017，11.

[18] 马之先，王桂林 . 中华传统文化 青少年读本 [M]. 合肥：安徽少年儿童出版社，2018，1.

[19] 亓凤香 . 中华优秀传统文化融入思政课教学研究 [M]. 长春：吉林大学出版社，2020，5.

[20] 秦海燕 . 优秀传统文化的传承与创新 [M]. 吉林出版集团股份有限公司，2018，6.

[21] 王文章 . 中国传统工艺美术保护与发展研讨会论文集 [M]. 北京：文化艺术出版社，2009，9.

[22] 王志文，牛继舜 . 中华文化传承与传播策略研究 [M]. 北京：经济日报出版社，2017，5.

[23] 杨敏 . 历史传统文化传承与发展 [M]. 长春：吉林大学出版社，2018，6.

[24] 张良驯，周雄，刘胡权 . 当代青少年中华优秀传统文化教育研究 [M]. 北京：北京理工大学出版社，2015，3.

[25] 张岂之 . 张岂之谈中华优秀传统文化 [M]. 南京：江苏人民出版社，2019，3.

[26] 郑国岱，陈涵平 . 文化传承与创新南粤行动报告 广东省大中小幼中华优秀传统文化教育实践论稿 [M]. 广州：中山大学出版社，2020，12.

[27] 中华文化学院 . 中华传统文化传承与创新 [M]. 北京：学习出版社，2017，4.